LES VERTUS DU RIRE

ÉDITIONS
TRUSTAR

Une division de Trustar ltée
2020, rue University,
20ᵉ étage, bureau 2000
Montréal (Québec)
H3A 2A5

Directrice d'éditions: Annie Tonneau

Correction : Camille Gagnon, Roger Magini, Claire Morasse

Révision: Corinne De Vailly

Couverture et illustrations intérieures: Laurent Trudel
    selon l'idée originale de l'auteure

Infographie: Jean-François Gosselin

Poèmes: Josiane Vénard

Note: Le genre masculin est utilisé dans le cadre de cet ouvrage à
seule fin de ne pas alourdir le texte; les termes partenaire, individu,
personne, désignent donc aussi bien un homme qu'une femme.

LES
VERTUS
DU
RIRE

JOSIANE VÉNARD

Rire pour vivre • Vivre pour rire

ÉDITIONS
TRUSTAR

Distribution pour le Canada:
Agence de distribution populaire
1261 A, rue Shearer
Montréal (Québec) H3K 3G4
Téléphone: (514) 523-1182
Télécopieur: (514) 939-0705

Distribution pour la France et la Belgique:
Diffusion Casteilla
10, rue Léon-Foucault
78184 Saint-Quentin-en-Yvelines Cedex
Téléphone: (1) 30 14 19 30

Distribution pour la Suisse:
Diffusion Transat S.A.
Case postale 1210
4 ter, route des Jeunes
1211 Genève 26
Téléphone: 022 / 342 77 40
Télécopieur: 022 / 343 4646

REMERCIEMENTS

Avant tout, je tiens à remercier les clients qui, depuis des années, ont participé à mes ateliers, cours ou conférences. Ils sont pour moi une source d'inspiration et de création. Leurs témoignages ont permis la rédaction de ce livre.

Je veux exprimer ma reconnaissance à Pierre pour ses précieux conseils, sa collaboration et ses encouragements tout au long de ce périple.

Je remercie également mes enfants, ces guides merveilleux qui me laissent être ce que je suis, pour leur soutien constant.

Merci à ma fille, Katia, qui vient de me faire partager une grande joie par la naissance de Maxime avec qui je vais continuer à rire encore longtemps. Merci à l'univers pour ce merveilleux cadeau. À Patrick, le papa, pour son rire explosif dont la sonorité se fait entendre à l'unisson.

Merci à mon fils, Christian, et à sa femme, Nelly, pour leur exemple de persévérance, de courage et leurs idées judicieuses.

Merci à ma grand-mère, Juliette, pour sa loyauté et sa joie de vivre.

Je dédie ce livre à ma mère Alice, décédée quelques mois avant la publication.

Je remercie tous les êtres visibles et invisibles de m'avoir guidée à travers cette grande aventure.

Merci à tous mes lecteurs de l'an 2000 qui liront ce livre et contribueront à répandre les vertus thérapeutiques du rire dans l'univers.

AVANT-PROPOS

Au risque de passer pour égocentrique ou narcissique, je vous avise tout de suite que si j'ai écrit ce livre, c'est avant tout pour me faire **PLAISIR.**

J'ai toutefois fait en sorte d'être aussi intègre et aussi humble que possible, bien consciente qu'à travers les mots, c'étaient mes pensées, mes croyances, mes tripes que j'allais vous exposer.

J'ai brossé un portrait de faits vécus que je désire partager avec vous, et tant mieux si vous vous y reconnaissez.

Par cette lecture, je vous invite à exploiter l'amour du rire à travers le jeu, l'humour et la créativité, et à puiser en vous les ressources nécessaires qui vous permettront d'être des gagnants de la vie.

Mon objectif est de sensibiliser le plus de monde possible aux vertus thérapeutiques du rire, de permettre à chacun d'en prendre conscience et d'intégrer pleinement le rire dans sa vie personnelle et professionnelle.

Rire, c'est être vivant, c'est «se sentir» et «ressentir» au moment présent. Le rire et l'humour permettent de faire fondre les difficultés comme neige au soleil et les transforment en plaisir. Prenez une pincée de ceci, de cela, par-ci, par-là. Choisissez ce qui vous convient, car rire, c'est ajouter du piquant à votre «vie-naigrette».

Depuis plus de dix ans, j'anime des ateliers et des conférences sur les bienfaits du rire thérapeutique un peu partout au Québec, au Canada et en Europe. Ces activités m'ont donné l'occasion de rencontrer un grand nombre de personnes, dont beaucoup m'ont demandé pour quelle raison je n'écrivais pas un livre sur le sujet. Car, après avoir expérimenté la technique, les participants souhaitent généralement approfondir leurs connaissances à l'aide d'un guide pratique comme appui pédagogique.

J'ai déjà réalisé une cassette audio, intitulée *Rire, c'est sérieux*, qui suggère des exercices pratiques. Toutefois, cela se révèle souvent insuffisant pour intégrer la méthode. Il n'est pas évident, j'en conviens, de se mettre à rire tout seul sans raison et d'être ainsi confronté à la peur du ridicule. Ce livre vous rendra la tâche plus facile, et vous permettra de vous départir de ces craintes et de mettre en pratique les exercices de manière plus aisée.

Cette attente était donc tout à fait légitime, mais entre enseigner et me mettre à ma table de travail pour écrire, il y avait un pas à franchir qui m'apparaissait aussi ardu que de déplacer une montagne, et il m'a fallu bien du temps avant de me décider. «Le plus long des voyages commence par le premier pas», dit un dicton populaire. C'est ce premier pas que j'ose enfin franchir aujourd'hui, en espérant vous emmener avec moi sur la voie d'une découverte qui vous conduira vers le plaisir et le bonheur. Et quel meilleur guide que le rire pour cheminer sur cette voie! Par ailleurs, oser risquer, n'est-ce pas ce que j'enseigne?

Oser risquer

Sourire,

c'est prendre le risque d'être ridicule.

Pleurer,

c'est prendre le risque de paraître

faible ou sentimental.

Exprimer ses émotions,

c'est prendre le risque de montrer son véritable Soi.

Étaler ses idées,

c'est prendre le risque d'être critiqué.

Essayer,

c'est risquer l'échec.

Le plus grand risque dans la vie,

c'est de ne rien risquer,

car seul l'individu qui risque est vraiment libre.

À PROPOS DE L'AUTEURE
Docteure ès rire ?

Je vous entends déjà: «Qui est-elle, cette Josiane Vénard, pour me proposer le rire comme technique thérapeutique?»

Je suis une philosophe sans diplôme universitaire, mais diplômée de la vie. Je suis une psychothérapeute qui fait son travail sérieusement, sans se prendre au sérieux. Tout ce que j'ai appris sur les bienfaits du rire, je l'ai appris à travers mes expériences personnelles, ma formation para-universitaire en Californie et mes recherches en cabinet privé. Aujourd'hui, je veux partager avec vous mon amour du rire, ou plutôt ma passion du rire, afin que le plaisir, la joie et la tendresse se répandent dans l'univers. Car le rire est sans frontières.

Inconsciemment, dès ma plus tendre enfance, j'ai utilisé le rire pour me sortir de situations fâcheuses, par exemple lorsque d'autres enfants se moquaient de moi ou quand les adultes m'ignoraient. Je prenais l'habitude de me retirer dans un coin et je faisais, sans le savoir, du rire autogéré. Je me forçais à rire et cela déclenchait mes émotions: parfois, elles s'extériorisaient par un fou rire, parfois par des larmes ou de la colère.

J'ai été élevée dans une famille très sérieuse où le jeu, le rire et la joie n'étaient acceptés qu'à l'occasion des fêtes familiales. Malgré cela, j'ai toujours été espiègle et j'ai gardé mon cœur d'enfant enjouée.

Lorsque j'ai émigré au Québec à l'âge de 20 ans, il m'a bien fallu être sérieuse, puisque je devais m'intégrer à un nouveau pays, en apprendre les us et coutumes, et comprendre les attitudes différentes de ses habitants. J'ai travaillé plusieurs années dans le commerce et des institutions bancaires puis, à 35 ans, j'ai abandonné temporairement le marché du travail pour entreprendre des études universitaires en psychosociologie. J'ai poursuivi ma formation comme psychothérapeute et j'ai complété le tout par des cours en programmation neurolinguistique, en auto-hypnose, en visualisation, en techniques de relaxation, de méditation et d'approche énergétique.

Pendant cinq ans, j'ai animé des cours de relaxation pour adultes offerts par la Ville de Longueuil. J'ai toujours été étonnée de voir les mimiques que faisaient les gens pour tenter de se détendre. Alors, je mimais leurs propres attitudes en amplifiant les postures qu'ils prenaient. C'était tellement drôle que tout le monde riait. Par la suite, je remarquais que le rire avait eu le même effet qu'une séance de relaxation. C'est ce qui m'a motivée à entreprendre des recherches sur le rire. Je me suis alors mise à dévorer des livres sur le sujet et ai mis sur pied un atelier, *Savoir rire et l'estime de soi*. C'est véritablement ainsi que tout a débuté. Et cela fait dix ans que ça dure...

La «gélothérapie», la «rirothérapie», la «rigolothérapie» (appelez ça comme vous voulez) sont des disciplines qui intéressent de plus en plus les chercheurs universitaires. Pour le moment, on peut classer cette activité parmi les thérapies alternatives qui visent le bien-être global des individus par un développement personnel et une prise de conscience de ses forces intérieures. Si le rire est bénéfique, c'est qu'il nous aide à mieux nous sentir dans notre tête et dans notre corps. Que pourrait-on demander de plus?

Êtes-vous prêt à décoller vers un tourbillon de rire avec une «rirapeute» sérieuse ?

O.K., c'est l'envol!

Accrochez votre sourire, c'est parti!

Attention, le rire est contagieux. Alors créons une épidémie de rire à travers la planète!

Hommage à mon rire

Mon rire, tu as déclenché une réflexion
qui me conduit vers l'abandon.
Grâce à toi, j'explore à fond mes fantaisies et ma magie.
J'affiche mes opinions.
Je me laisse entraîner dans un tourbillon
Pendant que, dans ce monde sérieux,
Personne ne peut être heureux.
Je dédramatise ma vie en riant,
Non pas en m'en fichant.
Je ne vais pas perdre la raison,
Mais voir un autre horizon.
Et changer ma perception,
Merci, mon rire, merci.

INTRODUCTION

YOUPI! ON RIT, POUR DÉDRAMATISER LE QUOTIDIEN

Devancez les autres: soyez le premier à rire de vous-même.
E. Maxwell

Dans cet ouvrage, je vous livre mes expériences personnelles et professionnelles. Quoi qu'on puisse en penser, je constate que, de nos jours, on rit de moins en moins et qu'on devient de plus en plus sérieux.

Trop sérieux, peut-être. Qu'en pensez-vous?

La situation économique difficile, le carcan dans lequel l'humain s'est enfermé pour répondre aux exigences de la société et les relations interpersonnelles déficientes font en sorte qu'il n'y a plus de place pour le rire dans notre vie. Vous êtes-vous déjà demandé combien de temps vous consacrez au rire chaque jour ? Vous êtes-vous payé «quelques litres de bon rire» aujourd'hui, non au détriment des autres, mais juste pour rire, sans raison apparente? Craignez-vous de passer pour un fou si vous riez «pour rien»?

Des études ont démontré que le nombre de minutes que l'on s'accorde à rire chaque jour est en constante diminution. On dit qu'en Europe, avant la Dernière guerre, les gens riaient environ 19 minutes par jour. Au début des années 80, ce temps était réduit à six minutes par jour et à quatre minutes en 1990. Aujourd'hui, on rit environ deux minutes par jour, et ce n'est sûrement pas le cas de tout le monde. Je ne parle pas de ricaner, mais de rire spontanément, sans s'arrêter, pendant cinq bonnes minutes. C'est l'ordonnance que je prescris sur ma cassette. Mais je vous entends dire déjà: «Il faut que quelque chose de drôle se produise pour rire!» Je veux vous convaincre qu'il n'en est rien et je vous invite donc à poursuivre votre lecture.

Nous rions de moins en moins, soit, mais que faisons-nous pour compenser ce manque? Nous comptons sur les comédies qui passent à la télévision et sur les humoristes pour tenter d'obtenir l'effet relaxant et hilarant que le rire peut apporter. Le rire est devenu une véritable industrie, et au Québec, nous avons une belle brochette d'humoristes qui peuvent satisfaire tous les goûts; nous avons même un festival du rire. En effet, les humoristes attirent les foules et ont un rôle très important à jouer. J'ai d'ailleurs remarqué le même phénomène en Europe lorsque j'ai participé, en tant que conférencière, au festival de l'humour de Morêt-sur-Loing, en France.

Il est normal de vouloir se payer quelques mesures de bon rire pendant quelques heures. Mais qu'en reste-t-il en fin de soirée? Bien évidemment, nous sommes détendus et avons oublié nos ennuis et nos problèmes. Mais en avons-nous pour autant changé la perception que nous en avons? Avons-nous réveillé notre bonne humeur?

En utilisant les techniques du rire thérapeutique, que vous allez découvrir dans ces pages, il est possible de modifier nos attitudes, de découvrir la source véritable du bonheur intérieur et de n'être dépendant que de soi pour s'assurer du plaisir et de la joie, et ainsi dire adieu à la morosité.

Si vous avez acheté ce livre en pensant vous divertir, vous relaxer et rire un bon coup, vous avez fait le bon choix. Surtout si vous être prêt à vous ouvrir l'esprit, à donner un sens nouveau à votre vie et à cheminer vers la redécouverte de votre être intérieur «rieur». J'essaierai, dans la mesure du possible, de vous satisfaire. Je ne vous promets pas un jardin de roses, mais une récolte de rires. Vous allez expérimenter les vertus théra-peutiques du rire dans le rire en cascade. Et le rire, c'est sérieux!

De la théorie à la pratique

La partie théorique de cet ouvrage sera suivie de différents thèmes destinés à vous démontrer comment le rire et l'humour jouent un rôle primordial dans la vie personnelle, professionnelle et sociale.

Il sera également question du rire dans le couple. Nous savons que le sourire et le rire sont des éléments déclencheurs qui prédisposent deux êtres à se rapprocher. Si je ris avec l'autre et non de l'autre, je le séduis, de là l'importance de prendre conscience des «saboteurs du rire» afin qu'ils ne perturbent pas notre plaisir. Je reviendrai sur le concept des «saboteurs» tout au long de cet ouvrage afin que vous puissiez les identifier et les transformer en «déclencheurs».

Plus on rit ensemble, plus on a le désir et le besoin de se rapprocher, de partager des émotions, des intérêts. Mais voilà: le quotidien finit par prendre le dessus. On perd le goût de rire, de s'amuser, et on ne se préoccupe que de choses sérieuses. Résultat: un éloignement qui mène souvent à la rupture.

Si l'on veut sauver ce que l'on a mis tant de temps et d'énergie à bâtir, il faut pouvoir se permettre d'être déraisonnable pour se redécouvrir. Le rire est le meilleur moyen de le faire. D'ailleurs, le rire favorise les ébats sexuels. Au lit, tous les moyens de rire sont bons: plaisanteries, chatouillements, cassettes vidéo de comédie, etc. Vous avez le choix!

Parallèlement à la vie conjugale, il sera question de la place du rire dans le milieu familial. Trop souvent, les parents se placent dans une position d'autorité face aux enfants. Ils ne se permettent pas de rire avec eux et ne les autorisent pas à s'amuser, par exemple lorsqu'ils rentrent de l'école. Pour ma part, je propose une séance de rire avec eux pour qu'ils se relaxent. Après quoi, ils seront mieux disposés à l'étude. Sans compter qu'une toute nouvelle dynamique s'installe entre parents et enfants lorsqu'ils ont l'habitude de rire ensemble.

Si rire avec les enfants est bénéfique pour tous les membres de la famille, cela s'applique également à l'école et à la garderie. Je développerai ces thèmes dans un autre chapitre.

Dans notre société, la violence et le stress, deux fléaux, causés par des émotions refoulées, non exprimées, qui, malheureusement, s'extériorisent d'une mauvaise façon, peuvent être contrecarrés par le rire. En riant, nous laissons aller nos émotions, notre tristesse, notre fatigue, notre peur, notre colère, nos tensions accumulées.

Il n'y a pas si longtemps, j'ai eu l'occasion d'animer un atelier de formation dans un centre pour femmes battues et violées. En apprenant à pratiquer le rire autogéré, plusieurs d'entre elles ont repris contact avec l'expérience traumatisante qu'elles avaient vécue et ont réussi à évacuer leurs émotions refoulées par des cris, des pleurs, de la colère et de la rage, émotions qu'elles avaient retenues au moment de l'agression. Ce fut une expérience très enrichissante, autant pour moi que pour elles.

S'il est un lieu où le rire doit reprendre tous ses droits, c'est bien au travail. Plus les employés utilisent le rire et l'humour (un humour sain, non toxique), plus ils ont le goût de travailler ensemble. Plus un patron est joyeux avec ses employés, plus il s'assure leur collaboration et un travail de qualité. J'y reviendrai.

J'anime des ateliers sur le rire et la relaxation dans des centres d'accueil et à l'Université de Sherbrooke, dans le cadre de programmes de formation pour les personnes d'un certain âge ou d'âge mûr. Les participants me disent souvent qu'ils manquent d'occasions de rire et de s'amuser. Voilà pourtant l'un des meilleurs moyens de leur assurer un cadre de vie sain et détendu qui favoriserait leurs relations interpersonnelles et améliorerait leur santé physique et mentale.

C'est de tout cela et de bien d'autres choses encore dont il sera question dans ce livre.

Chapitre 1

HISTORIQUE ET PHYSIOLOGIE DU RIRE

Celui qui a le courage de rire est presque autant
le maître du monde
que celui qui est prêt à mourir.
L. Buscaglia

«Le rire est le propre de l'homme.» En écrivant ce petit bout de phrase, François Rabelais, romancier du XVIᵉ siècle, ne faisait pas une grande découverte. Il énonçait tout simplement une vérité connue de tous, que seule sa notoriété apporta jusqu'à nous. En effet, l'homme est le seul animal de la création à avoir la faculté de rire et cela sans doute depuis qu'il est apparu sur Terre.

Vous avez peut-être déjà vu des lionceaux se chamailler. Il est facile de conclure qu'ils s'amusent, mais ils ne rient pas pour autant. Ils ne font qu'activer cet instinct de survie qui leur sera essentiel à l'âge adulte.

Des chercheurs sérieux ont voulu essayer de déterminer si les singes, eux, riaient. Les singes ont souvent des comportements qui ressemblent à ceux des humains et leurs mimiques peuvent être comparées à nos rires très sonores. Les conclusions des scientifiques sont toutefois loin d'être satisfaisantes. Ils devront répéter leurs expériences pour parvenir à nous convaincre que les singes possèdent la faculté de rire. Jusqu'à preuve du contraire, on peut donc toujours affirmer que «le rire est le propre de l'homme».

Un peu d'histoire

Le rire comme méthode thérapeutique ne date pas d'hier. L'une des plus anciennes citations que l'on puisse trouver à ce sujet est contenue dans l'Ancien Testament. En effet, dans le Livre des proverbes, il est écrit: «Un cœur joyeux guérit comme une médecine, mais un esprit chagrin dessèche les os.» Hippocrate, le père de la médecine, prescrivait le rire à ses patients pour les guérir des maux du corps et de l'esprit.

Au Moyen Âge, Henri de Mondeville suggérait le même traitement à ses malades et leur recommandait de s'entourer de personnes gaies, prêtes à leur raconter des plaisanteries. À cette époque, les «fous» avaient une place privilégiée dans toutes les cours d'Europe. Quel était leur rôle? Divertir les souverains et leur entourage, et leur procurer ainsi un certain soulagement quand des problèmes les minaient.

Jusqu'au milieu du XVᵉ siècle, la «fête des fous» avait pour but de permettre à la population de s'amuser et d'oublier ses tracas. Lorsqu'elle fut abolie, on la remplaça par une autre «farce» devenue une tradition: le poisson d'avril.

L'histoire de l'humanité abonde de fous guérisseurs et de clowns qui avaient pour tâche de divertir leurs contemporains, mais aussi de médecins qui avaient compris que le rire était le meilleur moyen de se soigner.

Dans tous les coins du monde, les anthropologues ont répertorié des exemples de même nature. Plusieurs tribus africaines faisaient des séances de rire collectif, tandis que les Amérindiens comptaient également sur certains des leurs pour réjouir les membres de la tribu en se costumant et en adoptant des comportements excentriques.

Plus près de nous, la référence en matière de rire comme thérapie est l'exemple de Norman Cousins dont la guérison d'une maladie considérée comme incurable a été rapportée dans le très prestigieux *New England Journal of Medicine*. Cette anecdote vaut la peine d'être racontée.

Norman Cousins était rédacteur en chef de *The Saturday Review*. Revenant exténué d'un voyage à l'étranger, il ressentit une poussée de fièvre et des sensations douloureuses. Devant la progression de la maladie, on l'admit à l'hôpital où l'on diagnostiqua une spondylarthrite paralysante (une infection du tissu conjonctif).

Ses articulations le faisaient souffrir au point qu'il ne pouvait presque plus bouger et les médecins lui annoncèrent qu'il avait peu de chances de se rétablir. Norman Cousins refusa cette fatalité et décida de se soigner lui-même.

Il se rappelait une lecture sur le rôle du système endocrinien dans le combat contre la maladie, et sur les conséquences néfastes des émotions négatives sur l'équilibre chimique de l'organisme. À partir de ces données, il se dit que si des émotions négatives avaient joué un rôle dans le déclenchement de sa maladie, des émotions positives pourraient peut-être rétablir l'équilibre et lui apporter la guérison. Il résolut donc de combattre dans la joie.

Comme première étape, il exigea qu'on lui permette de visionner des comédies dans sa chambre d'hôpital et, dès cet instant, il commença à prendre du mieux. Il constata, tout comme ses médecins, que 10 minutes de rire lui procuraient deux heures de sommeil sans souffrances.

Il est reconnu scientifiquement que le rire stimule les endorphines cérébrales, une morphine naturelle qui agit contre la douleur et possède un effet anesthésiant.

Norman Cousins poursuivit bientôt ses séances de rire dans une chambre d'hôtel, qui avait l'avantage de lui coûter beaucoup moins cher et où il pouvait obtenir des repas plus agréables au goût. En peu de temps, il se remit parfaitement. Convaincu que le rire l'avait sauvé, il rédigea l'histoire de son rétablissement, fit la promotion de cette forme de thérapie et devint même professeur d'université en la matière.

Norman Cousins a démontré, de façon tangible, que le rire a des effets sur notre mental, notre physique et nos émotions. Le rire est un acte global.

Que se passe-t-il lorsque nous rions?

Lorsque nous rions, nous ouvrons la bouche et mobilisons les muscles faciaux, les zygomatiques. La partie supérieure de la bouche s'étire vers le haut; les paupières et les sourcils se relèvent; les narines se dilatent et se soulèvent; la mâchoire inférieure s'abaisse et, parfois, la tête tout entière est rejetée vers l'arrière.

Nous inspirons et expirons plus qu'à l'accoutumée et ressentons une dilatation du diaphragme et de la cage thoracique, ce qui entraîne une détente musculaire semblable à celle atteinte par une séance d'exercices physiques. Le rire provoque la dilatation de 400 millions d'alvéoles pulmonaires, trois fois plus que la respiration normale. Si le rire est intense, la glande lacrymale est activée au point de rendre nos yeux brillants et de nous faire pleurer.

Sur le plan physique, le rire favorise la digestion et l'élimination par brassage interne. Sur le plan psychologique, nous avons une meilleure perception de nous-mêmes et de notre entourage. Nous abandonnons notre côté rationnel géré par l'hémisphère gauche de notre cerveau pour faire place aux émotions, à une meilleure intuition, à une plus grande imagination dont est responsable le côté droit du cerveau. Cet exercice a pour effet de nous détendre, de nous faire oublier pendant un moment le stress de la vie quotidienne, de nous permettre de lâcher prise et de reprendre contact avec notre moi intérieur.

Laissez-moi vous faire part d'une expérience vécue aux États-Unis et qui illustre bien les effets du rire.

Une classe d'étudiants qui s'apprêtaient à passer un examen fut divisée en deux groupes. On demanda au premier groupe d'étudier de la façon habituelle en révisant les notes de cours, en lisant et en apprenant la matière par cœur. Pendant ce temps, les étudiants du deuxième groupe visionnèrent des films drôles et firent l'expérience de séances de rire collectif. Vous vous en doutez bien: les étudiants du deuxième groupe obtinrent de meilleurs résultats. C'est facile à comprendre: leur stress était moins grand et leur créativité plus affinée.

Ces résultats peuvent s'appliquer à toutes les situations de la vie. Ainsi, il est prouvé que les gens qui rient trois fois par jour prennent de meilleures décisions en affaires, sont plus productifs et atteignent de meilleures performances.

Selon une étude menée à l'Université d'Antioche, en Californie, il existerait 187 types différents de rires: le rire gras, franc, faux, moqueur, aigu, timide, saccadé, sarcastique, complice, spontané, snob, jaune, nerveux, étouffé, musical, incontrôlable, pour n'en citer que quelques-uns. Il y en a pour toutes les circonstances, pour toutes les personnalités, pour toutes les formes de communication.

Expressions liées au rire

Rire aux éclats
Rire à en pleurer
Rire de toutes ses dents
Rire à gorge déployée
Rire aux larmes
Rire à s'en tenir les côtes
Rire à se faire éclater la rate
Rire à en perdre haleine
Rire à se pâmer
Rire à ventre déboutonné
Rire à s'en taper le cul par terre
Rire dans sa barbe
Rire aux anges
Rire au nez de quelqu'un
Rire jaune
Rire sous cape
Rire comme un bossu
Rire comme une baleine
Rire comme un fou
Rire comme un perdu
Mourir de rire
S'esclaffer
Pisser de rire
Pouffer de rire
Crever de rire
Avoir le mot pour rire
Plus on est de fous, plus on rit
Il vaut mieux en rire qu'en pleurer
Laissez-moi rire
Vous voulez rire
Prêter à rire
Se rire des difficultés
Rira bien qui rira le dernier
Il n'y a pas de quoi rire

Chapitre 2

LE RIRE ET VOUS

En chacun de nous se trouve l'étincelle du rire, rallumons la flamme.
J. Vénard

La plus perdue de toutes les journées est celle où l'on n'a pas ri.
Chamfort

Le rire est une émotion, au même titre que la tristesse, la joie ou la colère. C'est une émotion qui est contrôlée par la raison, puisque, dans une situation bien précise, c'est la raison qui nous dicte de rire ou non. Nous rationalisons selon notre vécu personnel, nos apprentissages, nos valeurs et l'estime de nous que nous nous sommes bâtie au fil des années. À partir de cela, la tonalité, l'intensité, la vocalise du rire seront différentes d'une personne à l'autre, selon les situations.

La technique de rire thérapeutique que je préconise ne sert pas à camoufler la tristesse ou la colère, mais plutôt à aller chercher les émotions refoulées pour leur permettre de refaire surface et de les transformer en d'autres émotions. Ce peut être une joie sincère, mais aussi, dans certains cas, des pleurs.

Pour comprendre ce processus, il faut d'abord savoir comment, enfant, nous avons appris à développer le rire.

L'enfant observe son environnement. Il apprend à utiliser le rire pour se faire apprécier, aimer, valoriser, avoir l'approbation de ses parents ou s'assurer une place de choix dans la famille et dans son milieu. De façon générale, dans une famille qui compte plusieurs enfants, celui qui fait le clown risque d'occuper une place privilégiée, beaucoup plus importante que celle de l'enfant introverti.

On utilise toujours le rire pour une raison bien précise, même si, enfant, on n'en est pas conscient. Un parent qui entend son enfant rire ne peut faire autrement que de se dire: «Mon enfant est heureux.» C'est d'ailleurs la première réaction que les adultes attendent d'un nouveau-né; ils cherchent à le faire rire. L'enfant, pour sa part, se rend bien compte que lorsqu'il rit, cela fait rire tout son entourage, que tout le monde semble plus heureux. On devient en quelque sorte mutuellement responsable du plaisir de l'autre.

Le même phénomène se passe avec ses proches. Quand un enfant est joyeux, quand il fait le clown, quand il est capable surtout de rire de ses propres défauts et de ses travers, il devient rapidement un leader. Il s'assure l'amitié de tous ceux qui l'entourent, devient une référence aux yeux des autres, rehausse l'estime qu'il a de lui et apprend à acquérir la confiance.

L'enfant apprend aussi à sélectionner. Il comprend qu'il ne peut pas rire partout et en tout temps. En classe, par exemple, on lui indiquera que le rire n'a que peu ou pas de place. Cela dérange les autres, minimise l'autorité du professeur et révèle un comportement irrespectueux.

L'enfant qui tient, malgré tout, à attirer l'attention en faisant le clown en classe est étiqueté comme espiègle, indiscipliné, rebelle et peut être puni pour cette attitude hors normes. J'en sais moi-même quelque chose puisque, je vous l'avoue, j'étais de celles qui ne savaient pas prendre les choses très au sérieux. Je riais, j'étais souvent punie et cela ne m'empêchait pourtant pas de continuer à faire des grimaces quand le professeur avait le dos tourné. Combien de fois, mon Dieu, ai-je été obligée de me mettre à genoux dans le coin pour ne pas avoir suivi le règlement!

Nous avons «désappris» à rire

En passant de l'enfance à l'âge adulte, nous avons découvert que le rire se développe par le côté drôle et cocasse d'une situation. La plupart du temps, nous ne rions plus pour prendre l'avantage sur les autres ou pour être reconnus, mais plutôt pour participer, sur un pied d'égalité, à la vie de notre entourage. Selon notre personnalité, nous rions souvent, pour tout et pour rien, ou bien nous rions très peu parce que nous sommes sérieux. Ce sont nos «saboteurs» qui entrent alors en piste pour refréner nos sentiments. Les saboteurs, ce sont ces petites voix intérieures qui nous empêchent de rire par peur du ridicule, parce que ce n'est pas le moment, etc. Nous devenons ainsi vulnérables devant nos propres sentiments.

Adulte, lorsque nous ressentons cette vulnérabilité, nous avons tendance à réagir de façon négative. Nous reproduisons les mêmes comportements que ceux que nous avons subis dans l'enfance: nous jugeons, nous attaquons, nous réagissons. Nous le faisons vis-à-vis des autres, mais surtout vis-à-vis de nous-même. Cela fait en sorte que le rire s'estompe lentement, que nous «désapprenons» à rire. Nous nions une partie importante de nous-même qui désire s'exposer, reprendre forme et vie.

Nous réagissons de la sorte parce que notre enfant intérieur blessé, mal aimé, a peur de perdre le contrôle de ses sentiments. Cet enfant intérieur refuse d'exprimer ses émotions refoulées: la colère, le découragement, l'amertume, bref, toute la gamme des émotions naturelles.

Pourtant, rire c'est se laisser aller dans ses sentiments et dans ses états émotifs. C'est savoir se rendre vulnérable. Lorsqu'on rit, on n'est plus sous l'influence de notre raison, ce qui peut devenir menaçant parce qu'on ne sait jamais où tout cela va nous mener. Rire, c'est affronter cette peur parce qu'il est impossible de rire et de penser en même temps. En riant, je prends soin de cet enfant intérieur.

Si le rire peut nous permettre, en certaines occasions, de camoufler ou de maîtriser nos émotions, il peut aussi nous permettre de les exprimer et de nous y abandonner allègrement. En prenant conscience de cette ambivalence, nous dédramatisons la réalité. Nous déprogrammons nos attitudes négatives, nous modifions la perception que nous avons de nous et nous changeons notre façon d'être. Pour cela, il ne faut pas attendre que le monde extérieur nous fasse rire ni rendre les autres responsables de notre plaisir, mais le créer nous-même pour améliorer notre qualité de vie. C'est ainsi que nous devons réapprendre à rire.

La solitude assumée

Lors de mes ateliers, les participants me disent souvent qu'ils ont perdu, je dis bien perdu, l'envie de rire et ce, surtout depuis qu'ils sont seuls. Ils ne trouvent rien de drôle dans leur vie au quotidien et éprouvent beaucoup de difficulté à rire, à déclencher leur propre rire. Ils vivent leur solitude avec déplaisir, incapables qu'ils sont d'assumer leur situation.

Puisqu'il y a de plus en plus de personnes seules dans notre société, je pense que je touche ici un point important, sinon essentiel du mal-être ambiant. Pour bien des gens, solitude et plaisir ne vont pas de pair.

Il est vrai que la solitude peut induire toutes sortes de réactions, autant sur le plan physique qu'émotionnel. Il est notoire que les personnes seules ont une santé plus fragile et qu'elles souffrent plus que la moyenne de migraines, de brûlures d'estomac ou de fatigue chronique. Sur le plan des émotions, elles ressentent de l'agressivité envers elles-mêmes et envers les autres, ont peur de l'intimité, du silence, du vide intérieur qui se créent. Elles sont sujettes aux pensées négatives, confuses, obsessives et ont de la difficulté à prendre des décisions. Enfin, sur le plan relationnel, elles éprouvent un sentiment d'exclusion, ce qui comporte une perte de l'estime de soi.

Pourtant, il est possible d'apprivoiser cette solitude pour qu'elle devienne le déclencheur du génie rieur qui sommeille en nous. Elle peut être riche d'expériences personnelles, car un bon nombre de situations quotidiennes sont propices à nous faire éclater de rire. Même si nous sommes seuls. Et il ne faut pas s'en priver.

Si, par hasard, vous retrouvez vos souliers dans un sac que vous aviez déposé au réfrigérateur par erreur, comme cela m'est déjà arrivé, vous avez le choix entre vous trouver ridicule d'avoir fait cela et, tout simplement, d'en rire. Plus les personnes seules vont apprendre à rire de leurs propres travers, de leurs imperfections, plus elles vont éliminer le stress qu'elles ressentent. En riant, elles laissent échapper la tension, la perception négative qu'elles ont d'elles-mêmes. Elles modifient leur façon de vivre.

Face à la solitude, deux réactions sont possibles. On peut se dire: «Je suis seul et c'est dramatique» (rôle de victime) ou «Je suis seul et je me sens bien.» C'est une question d'acceptation. «Quelle sorte de solitude suis-je en train de vivre?» Si la réponse est positive, c'est que j'ai appris à apprivoiser ma solitude. Mais si la réponse sous-entend un sentiment de vide, la sensation d'être séparé de quelque chose, c'est que j'ai du mal à accepter ma réalité. Est-ce que je choisis ou subis la solitude? Là est la question.

Le moteur de l'action, c'est le mal-être intérieur qui en est la cause. Les gens sont tellement mal lorsqu'ils sont seuls qu'ils recherchent éperdument une autre personne avec qui partager leur vie, ce qui explique le succès phénoménal des discothèques, des agences de rencontre, des courriers du cœur et, maintenant, des boîtes vocales spécialisées. Mais vous savez aussi bien que moi que la plupart du temps les résultats ne viennent pas combler les attentes. Bien souvent, la relation qui s'établit ne fonctionne pas parce que l'un ou l'autre (ou les deux à la fois...) est à la recherche d'un compagnon (ou d'une compagne) dans le seul et unique but de combler un vide émotionnel. Il y a carence affective, sentiment d'exclusion, manque d'attention, difficulté de partage. C'est ainsi que se créent la dépendance, le besoin de rendre l'autre responsable de son propre plaisir. Disons-le: ce n'est pas la solution.

Il faut d'abord apprendre à assumer sa situation, accepter le chagrin et briser les conventions pour aller vers quelque chose de nouveau.

Le rire peut nous aider à changer notre perception en allant chercher, au plus profond de nous-mêmes, les émotions vécues dans la solitude. Il est essentiel de se faire une alliée de la solitude.

Saboteurs et déclencheurs

Avant de conclure ce chapitre sur le rire chez l'homme, il est important de définir deux concepts que j'utilise dans mon enseignement et qui reviendront constamment tout au long de ce livre: les déclencheurs et les saboteurs du rire.

Nous avons tous la faculté de rire, mais cette action dépend de notre personnalité. Selon que l'on est visuel, auditif ou kinesthésique, nous allons rire pour des raisons différentes par rapport à la façon dont nous avons vécu nos expériences. Le visuel rira en voyant, l'auditif en entendant, alors que le kinesthésique, lui, rira en ressentant.

Les déclencheurs, c'est tout ce qui provoque le rire, qu'il s'agisse d'événements extérieurs (situations cocasses) ou d'éléments intérieurs (une image mentale que je me fais, quelque chose que je me dis). Il suffit parfois d'un rien.

Mais, hélas! nous transportons aussi avec nous une valise pleine de saboteurs, que nous ouvrons quand nous nous sentons menacés ou que nous voulons réprimer nos émotions. Ce sont, en quelque sorte, des masques que nous mettons selon les circonstances. Pour certains, ce sera au travail parce qu'il faut être sérieux. Pour d'autres, ce sera en famille pour préserver l'image que l'on veut donner de soi.

Tous les saboteurs ont des répercussions physiques, psychologiques, émotionnelles, spirituelles et relationnelles. Nous hésitons entre le désir de prendre la vie moins sérieusement et de laisser jaillir notre rire comme bon nous semble, et celui de le contrôler par peur d'être ridicule ou mal jugé.

Il est important que le rire soit intégré à nos vies. Il n'est pas question de rire tout le temps, mais de savoir le faire quand le moment s'y prête et, surtout, de se le permettre. Quand on réprime notre rire, on cesse d'être créateur.

Pour moi, il n'est pas une panacée, c'est une technique. Il s'agit d'en faire une hygiène de vie quotidienne, aussi importante que l'activité physique, la relaxation et les loisirs. Il faut apprendre à reconnaître ses saboteurs, à les maîtriser et à les dépasser. Le rire autogéré permet de se réapproprier les parties désavouées de soi-même.

Face à un problème, si je prends le parti d'en rire, j'en change la perspective et il y a de bonnes chances que j'y trouve des solutions. Adieu veaux, vaches, cochons... Oh! pardon, excusez-moi! Adieu anxiété, stress, fatigue, mauvaise humeur.

Lorsque je ris, tout mon être vibre. Je me sens unifiée; cœur, corps et esprit ne font plus qu'un. J'expulse ma souffrance, je m'expose face à moi-même et je me sens en complète harmonie.

Pas facile, me direz-vous. Plus facile que vous ne le croyez. Il suffit d'y mettre un peu de bonne volonté et d'avoir le désir de faire un pas dans cette direction.

Je vous suggère un petit truc très simple pour entreprendre votre démarche. Trois fois par jour, souriez à quelqu'un que vous ne connaissez pas, dans la rue, dans l'autobus, dans un magasin. Sans raison. Vous verrez: le sourire déclenche le plaisir. C'est une émotion libératrice qui permet d'évacuer le trop-plein, de décompresser.

Cependant, un sourire peut produire une réaction inattendue chez celui qui n'est pas prêt à le recevoir. En voici un exemple:

> À Montréal, au Festival juste pour rire, une amie et moi, cherchions deux places assises pour assister à un spectacle en plein air. Tout à coup, j'en aperçus une et nous nous dirigeâmes vers cet endroit. Une dame occupait un siège, près de la place libre; je la regardai avec un grand sourire. Elle prit peur, empoigna son sac à main et partit très vite. Mon amie et moi fûmes toutes deux prises d'un rire inextinguible, car la situation était pour le moins aberrante.

Cela risque de vous arriver si vous souriez à un inconnu, mais osez malgré tout, vous pourriez obtenir deux places très rapidement.

N'attendez pas d'être heureux pour rire. Riez et vous serez heureux !

Souvenez-vous que...

sourire, c'est s'exposer;
sourire, c'est partager;
sourire, c'est donner;
sourire, c'est encourager;
sourire, c'est aimer;
sourire, c'est risquer;
sourire, c'est s'enrichir;
sourire, c'est garder un beau souvenir;
sourire, c'est réussir;
sourire, c'est offrir.

N'avez-vous pas là assez de raisons pour sourire?
Avez-vous encore envie de fuir?
Lorsque je vous demande de le partager,
ce sourire qui ne peut être acheté,
ouvrez votre cœur, votre âme et souriez!

Les saboteurs

Les masques
Le besoin d'être toujours sérieux
Les excuses
Les préjugés
Les fausses croyances
Les valeurs personnelles
L'anxiété
La timidité
Les interdits
L'âge
Le pouvoir

Tous ces saboteurs entraînent des peurs diverses:

du ridicule;
de prendre sa place;
de changer;
d'être soi-même;
d'être différent;
de lâcher prise;
de ne pas savoir quoi faire;
de perdre la face;
d'être jugé;
de perdre le contrôle de ses émotions;
d'être incompétent;
d'être incompris;
de blesser;
du rejet.

Les déclencheurs

Les histoires drôles
Les mimiques
Les caricatures
Les jeux absurdes
Les situations inattendues
Les surprises
Les maladresses
Le chatouillement
Les sons
Les taquineries

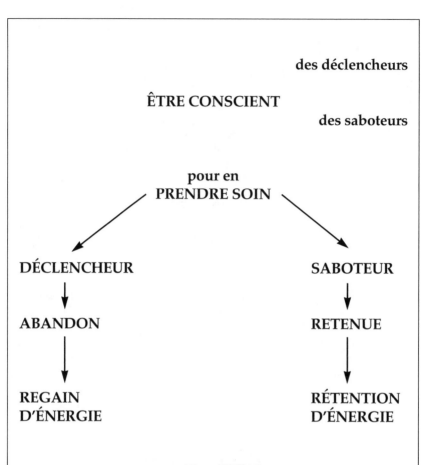

des déclencheurs

ÊTRE CONSCIENT

des saboteurs

pour en
PRENDRE SOIN

DÉCLENCHEUR

SABOTEUR

ABANDON

RETENUE

**REGAIN
D'ÉNERGIE**

**RÉTENTION
D'ÉNERGIE**

C'est VITAL

pour retrouver sa VITALITÉ

Prendre conscience des saboteurs, pour les changer en déclencheurs.
Nous oscillons de l'un à l'autre selon les situations.

Pourquoi rire
ou les multiples raisons
de recontacter son rire

Pour rire de moi
Pour rire de ce que je m'entends dire
Pour rire de ce que je me fais dire
Pour me libérer d'une peur
Pour relativiser une colère
Pour contrôler une peine afin de la dépasser
Pour contacter mes émotions refoulées
Pour éloigner le pessimisme
Pour changer ma perception des situations difficiles
Parce que c'est drôle
Parce que ce n'est pas drôle (absurde)
Pour le plaisir de rire
Pour le bien-être qui en découle
Pour communiquer avec les autres
Pour développer mon sens de l'humour
Pour désarmer
Pour les bienfaits thérapeutiques que cela procure
Pour stimuler l'intelligence
Pour créer
Pour me démasquer
Pour me dévoiler
Pour m'abandonner

Chapitre 3

LE RIRE POUR REVALORISER L'ESTIME DE SOI

Si vous ne regardez que ce qui est,
vous ne pourrez jamais atteindre ce qui pourrait être.
Anonyme

En une minute, je peux changer mon attitude
et en cette minute; je peux changer ma journée.
S. Johnson

L'estime de soi peut être définie comme l'image que l'on a de soi-même dans la vie. Il s'agit d'une caractéristique de première importance, puisque cette estime gouverne nos actions, nos attitudes et nos comportements dans toutes les situations qui se présentent. Selon que nous avons une estime négative, positive ou amplifiée, nous agissons en perdant, en gagnant ou comme quelqu'un qui veut se montrer supérieur.

L'estime de soi prend sa source dans la plus tendre enfance, mais il nous appartient de la développer, de la changer et de l'améliorer à toutes les étapes de la vie. Ce n'est qu'ainsi que nous pouvons devenir des adultes mûrs et responsables, mais surtout, que nous pourrons être heureux. N'est-ce pas là l'objectif premier de tout individu? Le rire peut nous aider à améliorer l'estime de soi, quel qu'en soit le niveau. Il n'y a pas de perfection à atteindre, seule une sagesse qui nous permet de vivre heureux.

Avant de vous parler de la façon d'utiliser le rire pour grandir, je tiens, en premier lieu, à vous expliquer en détail, comment s'élabore l'estime de soi et quelles sont les caractéristiques qu'elle présente selon les «conditionnements» dont nous avons fait l'objet.

Aux sources de l'enfance

L'estime de soi prend sa source dans l'enfance. Inévitablement, des comparaisons se font entre frères et sœurs, par rapport aux résultats scolaires, aux attitudes, aux gestes faits. Voici un exemple concret:

> Un enfant peut obtenir de très bonnes notes à l'école, mais si son frère (ou sa sœur) réussit mieux que lui, il arrive souvent que les parents lui fixent des objectifs plus élevés en jouant le jeu de la comparaison plutôt que de le féliciter, de lui manifester leur fierté et de l'encourager à poursuivre ses efforts. Ces parents ne reconnaissent pas les capacités de l'enfant pour lui-même, mais en fonction de celles des autres. Cette attitude parentale est suffisante pour que l'enfant développe une estime de soi négative. Il aura tendance à penser que jamais il ne pourra répondre aux exigences de ses parents, qu'il ne pourra jamais être comme les autres. De là à penser qu'il est un bon à rien, qu'il ne réussira jamais à faire quelque chose de bien, le pas à franchir n'est pas très grand. Et cela risque de se perpétuer dans toutes les facettes de sa vie, et de se prolonger pendant de nombreuses années.

Il est important de dire qu'il ne faut pas jeter la pierre à nos parents pour l'estime que l'on a de soi. Être parent, cela ne s'apprend pas. Ils ont, eux aussi, leur vécu et, sans aucun doute, ont fait et font tout leur possible pour nous élever. En tant qu'adultes, assumons nos propres responsabilités afin de devenir qui nous voulons être.

En tant que parents, éduquons nos enfants en étant conscients des embûches qui nous guettent. Elles peuvent se manifester de trois façons:
• donner à nos enfants ce que nous aurions voulu recevoir et que nous n'avons pas eu;

• vouloir vivre à travers nos enfants la vie que nous n'avons pas réussi à vivre;

• justifier notre propre enfance en faisant à nos enfants ce qu'on nous a fait.

L'éducation des enfants se fait en fonction d'un certain nombre de critères auxquels nous n'échappons pas; un état d'esprit particulier et des traditions culturelles nous ont marqués. Pensons, par exemple, aux façons différentes d'élever un garçon et une fille. Des préjugés et des stéréotypes existent dans toutes les civilisations, dont nous ne pouvons pas nous départir.

Certains parents, qui ont souffert durant leur enfance, croient que ces difficultés les ont aidés à survivre et à affirmer leur caractère. Ils considèrent qu'après tout, ce qu'ils ont subi n'était pas si terrible et que leurs propres enfants doivent aussi passer par là.

Enfin, disons que les parents se sentent souvent en position de force et qu'ils en profitent pour se venger, en quelque sorte, de ce qu'ils ont subi eux-mêmes. Ce n'est pas un comportement très glorieux, mais c'est une réalité que nous ne pouvons nier.

Les enfants ne devraient-ils pas se sentir aimés et appréciés dès leur naissance? En aucun cas, ils ne sont notre possession. Ce sont des êtres sans défense qui nous donnent le plaisir et le devoir de nous occuper d'eux. Notre rôle est de les aider à devenir ce qu'ils sont, car tous les enfants naissent avec un moi unique. Pourquoi faudrait-il exiger d'eux un parfait conformisme, celui que nous établissons selon nos propres valeurs ?

Nous devons également nous traiter aussi bien que nous voulons traiter nos enfants. Ceux qui ont souffert durant leur enfance doivent prendre conscience de l'enfant blessé qui est en eux. La découverte de soi fait partie du processus de croissance et cela, c'est le travail de toute une vie. Prendre conscience de qui nous sommes est la seule façon de ne pas perpétuer l'esprit négatif dont nous pouvons avoir été victimes.

Nous ne pouvons aimer les autres tant que nous ne nous aimons pas nous-même.

L'estime de soi négative

Un enfant qui n'a pas été caressé, apprécié, encouragé dans ses efforts, félicité pour ses réussites, reconnu pour ce qu'il est, un enfant à qui on a toujours dit qu'il ne ferait jamais rien de bien, à qui on a porté peu d'attention, qui a souffert d'ostracisme, développera une estime de soi négative, car tous ces messages qu'il a reçus s'incrusteront dans son subconscient et feront partie de l'image qu'il forgera de lui-même.

Adulte, il n'osera pas s'exprimer soit parce qu'il considérera ses opinions personnelles comme sans intérêt, soit par peur d'être ridiculisé. Il minimisera ses réussites, même si les autres les reconnaissent. Ou encore, et c'est le cas de beaucoup, il adoptera une attitude implacable qui pourrait se résumer ainsi: «Je ne serai jamais capable.» C'est ce qu'on appelle une estime de soi négative.

L'estime de soi évolue avec le temps. Elle peut connaître des hauts et des bas. Ainsi, on peut perdre l'estime de soi positive qu'on a développée ou entretenue au fil des années à la suite d'une série d'échecs. Pour plusieurs personnes, une séparation ou un divorce, un échec professionnel ou une perte d'emploi peuvent être suffisants pour perdre la confiance en soi qu'elles auront mis tant d'efforts à établir. Il faut alors remédier à la situation en essayant de voir le bon côté des choses, de se fixer de nouvelles priorités, de s'accepter tel que l'on est et de ne pas chercher à s'identifier aux autres.

La seule solution pratique au problème d'une image de soi dégradée est de se tourner vers soi et de se poser quelques questions: D'où cela provient-il? Quels événements en sont la cause? Quelle pression de mes proches ai-je subie? Que puis-je en tirer de positif? Ce n'est pas facile, mais c'est la seule solution pour recouvrer le bonheur.

L'estime de soi amplifiée

À l'opposé de ceux qui ont une faible estime d'eux-mêmes, il y a ceux qui ont une estime d'eux-mêmes que je qualifierais d'auréolée ou amplifiée. Leur estime est haute, beaucoup trop haute. Ce sont ceux pour qui tout va toujours bien: ils pensent devoir protéger leur image en toute circonstance, même quand les choses tournent mal, et mettent l'accent sur le paraître plutôt que sur l'être, sur la réussite sociale plutôt que sur la réussite personnelle.

Souvent ces individus cachent une grande vulnérabilité, une grande timidité et ce ne sera qu'à la suite d'un échec qu'ils pourront en prendre conscience.

L'être humain est ainsi fait qu'il attend toujours de vivre quelque chose de négatif pour prendre conscience de son moi. Apprenons à regarder ce qui se passe et à l'analyser pour aller de l'avant et s'interroger constamment: c'est bien beau la réussite sociale, mais est-ce bien ce que je veux? Cela me permet-il d'être vraiment heureux? De là l'importance d'identifier sa propre hiérarchie des valeurs et non de vivre avec les valeurs qui nous ont été imposées par nos parents, par notre entourage. Demandons-nous quelles valeurs nous conviennent ou ne nous conviennent pas.

Il faut beaucoup d'humilité pour se poser la question suivante: l'image que je projette, l'image que les autres ont de moi, est-elle vraiment le reflet de ce que je suis profondément?

L'estime de soi positive

C'est en quelque sorte l'idéal à atteindre. Mais puisque l'estime de soi est en constante évolution, l'idéal est une quête perpétuelle dont nous devons faire notre objectif.

L'estime de soi positive amène la personne à prendre sa place pour ce qu'elle est, avec ses forces et ses faiblesses, ses réussites et ses échecs. Il est important de reconnaître nos bons et nos mauvais côtés et d'évoluer constamment. Il faut oser prendre sa place, mais aussi accepter de se sentir inférieur à quelqu'un, dans certaines circonstances. Ce n'est pas une tare que de reconnaître notre incapacité à parfaire une chose ou une autre. La perfection n'est pas de ce monde.

Nos points forts nous donneront l'énergie et le courage d'admettre nos faiblesses et d'y faire face. Notre valorisation personnelle augmente au fur et à mesure que nous réalisons ces changements positifs. La valorisation de soi est un choix et non un droit acquis.

Oser risquer

Pour accéder à une estime de soi positive, il est important de prendre conscience de ses propres sentiments, de découvrir ses peurs, d'y faire face et de se dire que derrière chaque peur se cache un désir à identifier: «Quel est mon désir?»

Quelles sont ces peurs?
du ridicule;
de me tromper;
d'être rejeté;
de ne pas être à la hauteur;
d'être blessé;
d'exprimer mes besoins;
d'être critiqué; etc.

Quel est mon désir derrière ces peurs?
Par exemple: J'ai peur d'être critiqué, mais mon besoin de donner mon opinion est tellement fort que je désire passer à l'action en l'exprimant. Je prends le risque de satisfaire ce désir pour sauvegarder ma santé mentale et physique.

On aura toujours le choix: rester avec sa peur ou la transgresser pour passer à l'action, pour réaliser son désir. Il ne faut pas hésiter à faire un geste, à dire ce que l'on ressent, à se dévoiler. Ce n'est pas là un gage de réussite absolue. Il y aura toujours des moments où les résultats de nos expériences ne seront pas à la hauteur de nos attentes. Mais apprenons à analyser nos comportements, à considérer notre vécu comme un apprentissage de chaque jour. Pour cela, il est important de bien connaître ses limites et de se fixer des objectifs en fonction de ses capacités personnelles et de sa propre réalité. Il ne s'agit pas de toujours vouloir maîtriser ce qui nous arrive, mais plutôt de mettre à profit les expériences et les situations qui se présentent. L'estime de soi ne grandit pas en fonction des tâches accomplies, mais dans la mesure où nous apprenons qui nous sommes et ce que nous sommes.

Du saboteur au déclencheur

Le rire peut contribuer à développer une meilleure estime de soi. Il permet de combattre la peur du ridicule et, surtout, d'apprendre à rire de soi et de ses propres travers, et de reconnaître qui l'on est. Quelles que soient les circonstances, ce sont nos saboteurs qui nous empêchent d'agir, de nous exprimer, de nous manifester, de nous faire valoir.

L'individu qui a une faible estime de lui-même n'osera pas prendre la place qui lui revient de **peur de ne pas être à la hauteur.**

Je compare souvent l'ensemble des saboteurs à un petit meuble doté de nombreux tiroirs. Chacun d'eux contient un saboteur et, selon les situations, on a tendance à ouvrir l'un ou l'autre. Ce peut être la peur du ridicule, le manque de confiance en soi, des prétextes que l'on se donne. Il ne s'agit pas de nier les saboteurs, mais de les reconnaître et de refermer le tiroir pour se permettre d'agir.

Comment peut-on passer du saboteur au déclencheur? En thérapie, je suggère souvent ce petit truc. J'appelle cela l'exercice du «youpi». Il s'agit tout simplement de reconnaître le saboteur et de se dire «youpi».

Voici un exemple qui pourra vous faire comprendre mon point de vue.

Imaginons que vous êtes en réunion avec des collègues, et que des décisions doivent être prises. Vous avez une idée sur le sujet, mais vous n'osez pas l'exprimer, parce que vous ne la jugez pas pertinente et que vous avez peur qu'elle ne soit pas retenue. Dites-vous intérieurement : «Cette idée n'est pas brillante, mais youpi!» Ce faisant, vous reconnaîtrez votre peur, vous la désamorcerez, vous refermerez le tiroir et vous vous sentirez peut-être prêt à passer à l'action. Votre estime de vous-même en sera rehaussée. C'est une façon de relativiser les choses et de vous permettre de croire que vous n'êtes pas moins intelligent que les autres, que vous avez aussi quelque chose à dire et que vous pouvez contribuer à faire avancer la discussion.

En répétant cet exercice chaque fois que des saboteurs viendront perturber vos actions ou votre façon de vous exprimer, vous ferez un pas dans la bonne direction vers une plus grande confiance en vous. Les tiroirs se refermeront les uns après les autres, et vous apprendrez à assumer toute la place qui vous revient.

IMAGE NÉGATIVE	IMAGE AMPLIFIÉE	IMAGE POSITIVE
• Perception inappropriée	• Survalorisation	• Reconnaissance de:
• Sous-estimation des réussites	• Surestimation du moi	ses valeurs
• Manque de confiance	• Désir de l'estime des autres	ses forces
• Souvent blessé=attaqué	• Vie organisée autour de de la réussite sociale	ses limites
• Besoin intense d'approbation	• Identification à son rôle social	ses désirs
		ses capacités
		• Grande connaissance de:
		son savoir
		son savoir-faire
		son savoir-être

Je suis

Je suis ce petit chat qui vient de naître
et que la vie va faire disparaître!
Je suis l'arbrisseau qu'on vient de planter,
mais que le vent peut déraciner.
Je suis le grain de sable étourdi
que la mer cherche à engloutir.
Je suis tornade, tempête et même cyclone
éprouvant des sentiments qui ne ressemblent à personne.
Je suis un feu d'artifice
jaillissant par tous ses orifices.
Je suis un être qui se croit éternel,
dont l'âme s'éblouit en regardant le ciel.
Je suis moi, chantant, criant, pleurant,
humiliant, mais surtout aimant.
Enfin! Toi qui me connais, dis-moi qui je suis.

Minette

On m'appelle minette
Je te fais risette

Oh! mon gros minou
baise-moi dans le cou.
J'ai de gros frissons
Allons, allons, rions.

Fais-moi le dos rond.
Mieux que ça, voyons.
Caresse-moi le front.
Tu as du toupet,
Mon petit gringalet

J'ai de gros frissons.
Allons, allons, rions.

Chapitre 4

LE RIRE DANS LE COUPLE

La plupart des gens sont aussi heureux qu'ils décident de l'être.
A. Lincoln

Le bonheur est un parfum impossible à offrir
sans en recevoir soi-même.
R. W. Emerson

Le monde dans lequel nous vivons ne nous permet que très peu d'exploiter nos folies sans être jugés. Nous sommes constamment rappelés à l'ordre par ceux pour qui la vie ne doit pas être prise à la légère. La vie, c'est du sérieux. Nous avons des responsabilités à assumer, que ce soit en tant que conjoint, parent, travailleur, dans nos relations sociales.

Cependant, lorsque le rire et le sens de l'humour sont absents dans notre vie quotidienne, l'existence devient morose et pitoyable. Le charme et le plaisir s'estompent et font place à l'ennui, à la tristesse et même, au désespoir.

Le rire harmonise les pensées et les émotions, et anime les différentes facettes de notre personnalité. L'énergie circule librement dans toutes les parties de notre corps et, par conséquent, augmente le taux vibratoire de notre âme. L'épanouissement que le rire procure est indescriptible et il faut le vivre dans son cœur pour en saisir toute l'importance.

Comme je l'ai déjà décrit, lorsque nous rions, les deux hémisphères de notre cerveau entrent en interaction et communiquent. Nous vivifions, de ce fait, nos côtés rationnel et irrationnel. Nous devenons un tout fusionné, en harmonie avec notre savoir-être et notre savoir-faire. Nous passons par toute une gamme d'émotions. Le rire nous libère d'anciens blocages émotionnels, nous replace dans le moment présent et nous remet en contact avec ce que nous ressentons. Vivre plus intensément le plaisir accroît notre bonheur.

C'est exactement ce qui se passe dans une relation de couple. Connaissez-vous des couples qui se sont formés en partageant leur tristesse? Sûrement pas! Mais si je vous demandais d'identifier des couples autour de vous qui survivent désespérément, ou qui se séparent à cause de cette attitude, vous pourriez probablement m'en nommer plusieurs.

Tout le drame est là: on bâtit une relation sur la base du rire et du plaisir partagés, et la routine quotidienne vient la saper peu à peu par manque de complicité, de partage et de joie. La solution, mais ce n'est pas toujours évident, c'est de retrouver le charme originel, de le vivre chaque jour et de s'en faire un véritable mode de vie.

Comment construire une relation

Établir une relation est une véritable entreprise de séduction, et le rire est l'atout universel, irrésistible, pour établir le contact. Le but visé est d'attirer l'attention, de plaire, et nous savons que, par le rire, nous entrons en communication avec l'autre. Il y a partage d'émotions, de sentiments, d'opinions, de vécus et de différents aspects de la personnalité de chacun. Dans la plupart des cas, une personne triste et repliée sur elle-même n'a aucune chance de créer une synergie. Elle se ferme à tout contact.

Bien sûr, le charme, le sourire et le rire ne suffisent pas à créer une relation privilégiée. Plusieurs autres éléments entrent aussi en ligne de compte.

L'un des plus importants est l'effet de miroir qui se produit. Dans un couple, les deux personnes sont souvent le reflet l'une de l'autre. Chacune renvoie à l'autre sa propre réalité, ses états d'âme, ce qu'elle accepte ou refuse d'elle-même. Cela peut être désagréable à entendre, mais c'est pourtant de toute première importance pour apprendre à s'améliorer et à évoluer. Utilisons ce que nous admirons chez l'autre pour atténuer les faiblesses de notre personnalité.

Chaque individu fonctionne sur un mode de polarité. Ce que les Chinois ont appelé le «yin» et le «yang», la psychologie moderne l'identifie au masculin et au féminin sans leur attribuer par ailleurs de connotation sexiste. En chacun, l'un ou l'autre de ces pôles est prédominant et le défi est de parvenir à un certain équilibre entre les deux. Les problèmes contemporains dans les relations de couple ne viennent-ils pas du fait que chacun essaie de savoir qui il est en tant qu'individu?

La personne qui a le côté masculin le plus développé est orientée vers l'action. Elle entreprend facilement de nouvelles expériences, ose risquer, s'engager. Son emploi du temps est chargé, structuré. Elle a de la difficulté à ne rien faire et à s'accorder des moments de loisir. Elle n'aime pas se sentir vulnérable.

À l'opposé, la personne dont le côté féminin est le plus développé prend son temps pour se relaxer. Elle est tournée vers son intérieur et passe difficilement à l'action, exprime mal ses opinions, car elle craint d'être jugée.

Dieu sait pourquoi, les couples se forment à partir de deux personnalités opposées. Et, dans le fond, c'est très bien ainsi. Par ce phénomène naturel, il est possible d'apprendre à intégrer ces deux facettes, de devenir des êtres androgynes pour vivre une énergie harmonieuse et créatrice. C'est un peu comme une prise de courant: il faut un pôle positif et un pôle négatif pour que la lampe que l'on branche fonctionne. Deux pôles positifs font sauter les fusibles. Deux pôles négatifs sont inefficaces. Dans une relation harmonieuse, on peut compter sur son partenaire pour développer le côté faible de sa personnalité et atteindre un équilibre mental, émotionnel et spirituel. En deux mots, vivre une relation harmonieuse signifie être capable de recevoir et de donner, sans contrôle, sans intention, sans attentes et sans jalousie, ce qui demande l'abandon de soi ainsi qu'une grande connaissance de soi.

Le secret est peut-être là: une grande connaissance de soi. Il faut profiter, au sens positif du terme, de la relation avec l'autre pour développer sa propre personnalité en mettant l'accent d'abord et avant tout sur soi-même plutôt que sur la réussite de l'entreprise conjointe.

Il serait utile d'apprendre à entrer en contact avec notre «enfant intérieur», à éviter de nous mentir, d'être perfectionniste, d'être dépendant et à verbaliser honnêtement nos désirs. Nous ne devons pas avoir peur de nous sentir vulnérables et, surtout, de le paraître aux yeux des autres. À partir de cette prise de conscience, la relation avec le partenaire devient privilégiée et unique. Nous pouvons grandir ensemble et individuellement.

J'ai eu l'occasion de demander à plusieurs couples qui vivaient ensemble depuis 10, 15 et même 20 ans de me livrer le secret de leur réussite. La réponse a été unanime: «Nous avons beaucoup de plaisir ensemble. Nous avons appris à nous soutenir dans les moments difficiles et à dédramatiser les événements pénibles que la vie nous réserve. Nous nous attardons au côté positif du problème, sans pour autant en nier l'aspect négatif. Nous avons appris à rire de nous-mêmes, individuellement et en tant que couple.» Prenez cette phrase à l'envers et vous trouverez tous les éléments qui conduisent à la séparation. La relation devient terne, sans vie et le sérieux prend toute la place. C'est ce qu'était en train de vivre un couple qui est venu me consulter en thérapie.

Diane et Paul

Tous deux dans la quarantaine, Diane et Paul sont mariés depuis 20 ans et ont deux grands adolescents. Paul occupe un emploi stable et fort bien rémunéré, avec des responsabilités importantes. Diane a un emploi à temps partiel qu'elle aime bien et qui lui procure beaucoup de satisfaction.

Paul est un homme sérieux, mais qui a tendance à être dépressif lorsque le stress le perturbe. Diane, de son côté, est plutôt joyeuse et tente, dans toutes les circonstances, de mettre un peu de couleur dans le couple. Elle a appris à s'occuper des autres plutôt que d'elle-même et à oublier son plaisir de vivre. On peut qualifier Diane de «sauveteur» et, comme tous les sauveteurs, elle a trouvé en Paul la victime idéale qui laisse croire qu'il ne peut rien faire sans l'autre.

C'est le modèle classique de la dépendance affective. D'où vient cette dépendance? Du désir d'être l'un pour l'autre, de vivre une relation «fusionnelle». De penser que l'autre sera toujours présent pour s'occuper de soi, qu'il apportera la sécurité émotive, affective, matérielle et physique. «Je fonctionne grâce à toi. J'ai besoin que tu me soutiennes, que tu décides pour moi.» Mais le «comme tu veux» que l'on entend si souvent dans les couples fait souvent place à la déception, car celui qui se plie ainsi aux décisions de l'autre ne fait pas ce qu'il aurait aimé faire. La peur d'être abandonné, rejeté ou d'être seul est souvent le facteur premier d'une relation symbiotique. Cette relation aliénante anéantit le couple, car la personnalité de chaque individu disparaît. Le besoin de se conformer à l'autre nous empêche d'être nous-même et de découvrir nos véritables besoins.

> La dépression de Paul — tout à fait réelle il faut le dire—, était une façon de quémander l'attention de son épouse. On trouve très souvent cette attitude parmi les couples. Ne dit-on pas que les contraires s'attirent?
>
> Lorsqu'ils sont venus me consulter, Diane avait l'intention de quitter Paul. Malgré sa bonne humeur et ses efforts, elle ne réussissait plus à le sortir de sa léthargie. Le rôle de sauveteur qu'elle avait adopté n'opérait plus. Elle se sentait impuissante et démunie par l'attitude de son mari. Lorsqu'ils étaient ensemble, elle avait de plus en plus tendance à déprimer, mais elle retrouvait le sourire dès qu'il quittait la maison.
>
> En voulant sauver Paul de la dépression, elle était sur le point de se noyer elle-même et devenait ainsi la victime, puisqu'elle dépensait toute son énergie à s'occuper de l'autre plutôt que d'elle-même. Par cette attitude, elle refusait de voir ses propres souffrances et ses carences affectives, de reconnaître et d'accepter ses propres émotions: la peine, la colère, la peur, le désespoir.

En thérapie, l'un et l'autre avaient peur de se laisser aller, de s'abandonner. Ils pensaient qu'ils allaient peut-être dire des choses déraisonnables, aborder des sujets qui n'avaient jamais été approfondis. Je leur ai expliqué que l'expression de leurs émotions refoulées allait leur permettre de s'approprier à nouveau leur puissance et leur énergie, et de faire taire les voix intérieures de la victime et du sauveteur. Peu à peu, ils ont appris à exprimer les sentiments profonds qui les animaient.

Après quelques rencontres, ils ont décidé de participer à un atelier sur le rire. Par le biais des exercices que je proposais aux participants, Paul manifesta une grande colère intérieure. Or, exprimer sa colère peut être terrifiant pour certaines personnes. Elles ont peur des répercussions et confondent souvent colère et violence. Diane, pour sa part, exprima de la peine.

Au terme des rencontres, leur rire était complètement différent de ce qu'il était en début de séance. Je ne fus pas la seule à m'en apercevoir; toutes les autres personnes présentes le remarquèrent. Paul et Diane n'avaient pas à nier cette partie d'eux-mêmes (la colère de l'un et la tristesse de l'autre), mais à l'observer, à en prendre conscience et à s'en libérer. Le rire stimule le désir de se rapprocher et d'aller plus loin ensemble. C'est un remède contagieux.

Cultiver sa vulnérabilité

Dans notre culture, une personne vulnérable est quelqu'un qui se défend mal, qui est fragile, qui manque de confiance en elle, qui est incapable de se protéger, qui n'a pas conscience de son pouvoir. Cette vulnérabilité prend sa source dans l'enfance. L'enfant vulnérable a vécu des sentiments de peur, de soumission, d'indifférence, de repli et de rebellion. Et il transporte ce vécu avec lui jusqu'à l'âge adulte.

Une vulnérabilité reniée ou mal assumée entraîne l'adulte à développer des mécanismes de défense. Par contre, si j'accepte et reconnais que je suis vulnérable au sein d'une relation et que j'apprivoise cet aspect qui est en moi, je renforce mon être et développe ma sécurité intérieure, ma confiance, ma responsabilité affective.

Si je m'affirme, j'assume ma vulnérabilité tout en restant sensible, humain et entier. Je ne peux vivre de relation profonde avec moi-même et avec l'autre que si j'accorde une place à ce sentiment. Il ne devrait pas nous empêcher de vivre quelque chose, de faire quelque chose, de dire quelque chose. C'est ainsi qu'on peut briser le cercle vicieux de la dépendance.

Prendre conscience que me séparer de l'autre alimente mes peurs, réveille mes angoisses, ma fragilité, reconnaître les points communs et les différences dans le couple, délimiter ce que j'attends de ma relation, permettre l'indépendance espace-temps, financière ou culturelle sont autant de facteurs qui favorisent la croissance mutuelle, le besoin de s'identifier, de s'affirmer et de choisir. Je m'assume tout en étant capable de demander à l'autre de partager ma vie. Nous pouvons être différents et indépendants tout en vivant une saine interdépendance dans le couple. La distance ou la séparation temporaire n'est alors plus une source de conflit.

Des sens à rire...

Vous avez déjà remarqué que, dans certaines situations, votre partenaire se mettait à rire alors que vous n'aviez pas du tout la même réaction. Vous vous êtes peut-être dit que vous n'étiez pas normal ou, tout simplement, vous n'avez pas compris sa façon de réagir. La raison de cette attitude est toute simple: vous avez un système de perception différent de votre partenaire.

Je ne vous apprendrai rien en vous disant que nous réagissons par nos cinq sens. Nous sommes donc tout à la fois visuel, auditif, kinesthésique, olfactif et gustatif, selon l'approche de la programmation neurolinguistique (PNL).

Dans ma pratique, je me limite toujours aux trois premiers niveaux de représentation. À l'aide d'exercices, je démontre que, même si l'un des aspects déclencheurs de rire domine, on utilise également les deux autres aspects pour en accentuer ou en diminuer l'intensité.

Si vous le voulez bien, observons comment nous utilisons nos cinq sens, en particulier le visuel, l'auditif et le kinesthésique, pour percevoir le monde qui nous entoure. Bien entendu, aucun mode de perception n'est préférable à l'autre. C'est une question d'harmonisation entre les êtres.

Le visuel

Le visuel a besoin de voir des images, que ce soient des images extérieures ou mentales. Lorsqu'il s'adresse à quelqu'un, il doit avoir l'individu devant lui parce que cette présence lui fournit des informations précieuses. Si son interlocuteur lui tourne le dos, ou ne le regarde pas, il a l'impression de ne pas être écouté, de ne pas être intéressant.

> Un jour, une dame est venue me consulter pour un problème qu'elle ne réussissait pas à résoudre et qui était en train de miner son mariage. Marie-Louise avait 64 ans et était mariée depuis 40 ans avec Bernard. Elle commença par me dire qu'elle avait un problème de communication avec son mari et que, si les choses ne changeaient pas, elle divorcerait. Je fus surprise et la fis parler davantage.
>
> Elle me raconta que tous les matins, elle déjeunait en compagnie de Bernard qui, lui, lisait son journal sans l'écouter. Lorsqu'elle parlait, il se contentait de quelques onomatopées pour lui donner son opinion. Marie-Louise était frustrée et quittait la pièce fâchée. Elle avait l'impression de ne pas être écoutée — ce qui n'était pas le cas —, mais elle avait besoin d'observer les réactions de son mari pour se sentir comprise. Quant à lui, c'était un auditif, c'est-à-dire une personne qui entend sans avoir besoin de regarder son interlocuteur.
>
> Je lui suggérai de faire preuve d'un peu d'humour afin de dédramatiser la situation. La prochaine

fois, lorsque son mari lira son journal en le tenant devant lui, elle n'aura qu'à prendre une paire de ciseaux et à y découper une fenêtre. C'est ce qu'elle fit. Surpris, il déposa son journal et lui demanda ce qui se passait. Ils s'expliquèrent et firent des compromis satisfaisants pour chacun.

Voilà bien l'exemple classique d'un problème que rencontre un visuel, qui a besoin de regarder la personne à qui il s'adresse. Quand il éclate de rire, le visuel regarde autour de lui afin de connaître la réaction de son entourage et savoir s'il peut continuer ou s'il doit arrêter. Il a besoin de se sentir accepté, de se sentir bien.

Le visuel a souvent beaucoup de projets. C'est un être très actif, plus à l'aise dans l'action que dans la réflexion. Il agit... et réfléchit ensuite. Il a une mémoire photographique, imagine des projets très détaillés dans leurs formes, leurs textures, leurs couleurs. Il a besoin de regarder et de se remémorer des images déjà vues.

Il m'arrive de me déguiser lorsque je donne des conférences sur le rire. Les visuels rient dès mon apparition, avant même que j'aie prononcé le moindre mot.

L'auditif

En regardant un film ou une émission à la télévision, l'auditif sera d'abord attentif à la musique, aux effets de bruitage et aux dialogues. Dans son esprit, il fera référence à des souvenirs liés aux sons: une musique ou des bruits déjà entendus. De plus, l'expérience qu'il en tirera sera associée aux mots, aux idées échangées, qu'elles soient drôles ou sérieuses.

L'auditif est d'abord un être de réflexion, qui s'engage ensuite dans l'action. Il écoute trop ses voix intérieures, ce qui ne l'empêche pas de prendre des décisions. Il a une forte capacité de concentration et les bruits environnants ne le dérangent pas. Il élabore globalement des projets, au contraire du visuel qui les imagine dans leurs moindres détails.

Il m'arrive souvent d'agir comme une auditive. Je peux avoir une idée, mais il me manque toujours quelque chose pour agir. Je sais que je possède tous les outils dans mon coffre intérieur. Je parle de mon projet, je réfléchis et ce sont les autres qui passent à l'action avant moi. J'ai souvent reproché à ces gens d'agir trop rapidement tandis qu'elles me reprochaient d'être trop lente.

Aujourd'hui, grâce à ces personnes, j'ai réussi à équilibrer mes côtés visuel, auditif et kinesthésique pour recevoir le plus d'informations possible et passer à l'action avec plus d'empressement. Dans mes ateliers, lorsque j'imite les différentes formes de rires, je rejoins d'abord les auditifs.

Le kinesthésique

Le kinesthésique se réfère au mode émotionnel: ses intuitions, ses sensations intérieures, ses émotions. Il sent et ressent les émotions. Il est touché par les comportements de son entourage plus que par ce qu'il voit ou ce qu'il entend.

> Un soir, je quittais les Cantons de l'Est pour rentrer chez moi à Longueuil. Je m'informai de la route à suivre auprès d'une passante qui marchait sur le trottoir. Lorsqu'elle me donna les directives («Vous tournez à droite, à gauche, vous passez une courbe, etc.»), tout son corps pivotait, se tortillait pour illustrer ce que j'avais à faire. C'était vraiment amusant et il fallait que je me pince pour ne pas rire. Aussitôt après avoir redémarré, j'ai pouffé de rire, c'était vraiment plus fort que moi.

Lorsque je veux illustrer le rire kinesthésique, je repense à cette personne et je visualise en esprit la scène qui me paraît toujours aussi drôle.

Les exercices corporels que je propose aux participants au cours de nos rencontres font réagir les kinesthésiques plus que les autres.

Malgré les différences dont je viens de parler, je me refuse à classer les gens par catégories. C'est trop limitatif. J'imagine plutôt des fenêtres que l'on ouvre et que l'on referme au gré des expériences que nous vivons. J'entends souvent des gens me dire: «Moi, je suis plus visuel qu'auditif.» Ces personnes ont tout simplement ouvert une fenêtre plutôt qu'une autre. Un sens a été plus sollicité et mieux accueilli qu'un autre.

Dans un contexte précis, elles ont pu voir quelqu'un agir ou rire (V), puis l'entendre (A), et enfin réagir à son comportement (K). L'ordre aurait pu être différent. Elles auraient pu réagir à un son (A), puis à une sensation (K), et enfin à une image (V). Ou encore à une sensation (K), à une image (V) et à un son (A). C'est une notion importante à comprendre, en particulier dans une vie de couple.

Si je vous dis: «Je vois que vous êtes sérieux (V); j'entends par là qu'il est important pour vous de garder votre sérieux (A); j'ai le sentiment que le sérieux de la situation vous rend nerveux (K)», le mode de perception est différent.

Ces différences engendrent souvent des conflits au sein du couple, par manque de compréhension, d'acceptation. Les crises sont souvent inévitables. Des ajustements s'imposent. Même si le changement semble difficile pour le couple, il est nécessaire. Nous évoluons individuellement entre ces trois niveaux de reproduction. Nous intégrons souplesse et rigidité, action et réflexion, partage et sensation. C'est à la fois ressembler à l'autre tout en étant différent. Être conscient, c'est se permettre de ressentir de la compassion envers soi et envers son partenaire.

Je vous suggère le petit exercice suivant:

En couple, après avoir visionné un film, racontez-vous les scènes qui vous ont semblé les plus amusantes et observez ce qui vous a fait rire. Remarquez vos différences et vos similitudes dans les déclencheurs et la façon dont vous avez utilisé tous vos sens pour rire.

Vous aurez une meilleure perception des déclencheurs de votre plaisir à travers vos yeux, vos oreilles et vos sensations.

Plus les couples apprendront à rire ensemble, plus ils stimuleront leurs hormones du plaisir. À partir de cet exercice, vous pourrez découvrir votre mode de communication pour être sur la même longueur d'onde que votre partenaire.

Exercice: La relaxation du sourire

1. • Concentrez-vous intérieurement.
   • En gardant les yeux fermés, prenez plusieurs inspirations profondes par le nez.
   • Retenez votre souffle pendant quatre secondes.
   • Expirez par la bouche en sifflant. Faites ceci trois ou quatre fois.
   • Prenez une nouvelle inspiration, mais cette fois, expirez par saccades en sifflant.

2. • Gardez les yeux fermés et imaginez une vague qui monte et descend. Elle balaie toutes vos craintes et toutes vos tensions, et vous emporte vers la détente.
   • Respirez normalement sans forcer.

3. • Gardez toujours les yeux fermés. Imaginez maintenant un soleil. Ce soleil se transforme en pépites dorées.
   • Voyez ces pépites descendre vers vous. Elles transportent toute l'énergie dont vous avez besoin.
   • Ressentez l'énergie cosmique que ces pépites déversent sur vous: la chaleur, la douceur, la joie.
   • Elles dansent et jouent entre elles, se mettent à sourire doucement. Profitez bien de ce magnifique spectacle.
   • Laissez votre tête s'imprégner de ce sourire; votre visage, vos épaules, vos poumons, vos fesses, vos jambes et vos pieds.
   • Ressentez bien ce sourire sur vos lèvres et dans votre cœur. Restez en contact avec ce sourire.

4. • Lorsque vous serez prêt, ouvrez les yeux.

Je vous invite à sourire à votre partenaire ou, si vous êtes seul, à écrire votre expérience.

> Le rire caché au plus profond de mon âme
>
> Ne peut être entendu que par mes oreilles
>
> Ne peut être vu que par mes yeux
>
> Ne peut être ressenti que par mon cœur.
>
> J. Vénard

Prendre conscience des saboteurs

Maintenant que nous savons que tout individu a des modes de perception différents, voyons comment nous pouvons réagir de façon négative à cause des saboteurs qui nous habitent. Les saboteurs, nous l'avons vu plus tôt, sont tout ce qui nous empêche de rire: les interdits, les barrières réelles ou imaginaires, les prétextes, les fausses croyances, les inquiétudes, les peurs, etc. Tous ces saboteurs ont des répercussions sur notre façon d'être et d'agir.

> Par exemple, lorsqu'un couple est invité chez des amis pour une soirée, les attentes de l'un et de l'autre ne sont pas forcément les mêmes. Il se peut que l'un des deux y aille avec la ferme intention de rire et de s'amuser, mais que, une fois sur place, ce soit le contraire qui se passe. Il ne trouve aucun intérêt aux personnes présentes, aux discussions entre les invités et à l'atmosphère qui se dégage de la rencontre. Il s'ennuie littéralement.

Dans un tel cas, il pourrait en blâmer les autres, mais cela peut aussi bien être sa propre capacité de recevoir le plaisir qui soit en cause. Il est possible que l'humour que l'on pratique dans ce groupe ne le rejoigne pas et qu'il ne soit pas anormal pour autant.

Quelle sera alors sa réaction? Il va se sentir mal à l'aise, aura tendance à juger les invités présents. Aussi longtemps qu'il restera en leur présence, il sera déchiré entre le désir de laisser aller son rire et celui de le retenir, ou même de partir. Il aura aussi peur d'être jugé, étiqueté comme trop sérieux parce qu'il a de la difficulté à exprimer sa joie.

Une panoplie de saboteurs surgissent et se battent pour prendre la première place. Ils sont tellement nombreux qu'il ne sait pas comment réagir.

Quelles sont les croyances qui ont fait naître ces saboteurs? Est-il plus axé sur «pourquoi vis-je» ces peurs que sur «comment je m'organise» pour mieux les vivre? Le dilemme sera d'autant plus difficile à vivre si son partenaire, lui, semble s'amuser et être tout à fait à l'aise.

Tenter de comprendre le «pourquoi», c'est chercher la cause à l'extérieur de soi. Pourquoi je ne ris pas? Peut-être parce que j'ai entendu très souvent des remarques désobligeantes à mon sujet: «Les autres vont se moquer de toi», «Tu ris très mal», etc. Ces raisons sont bonnes et légitimes, mais maintenant, dans mon expérience présente, comment réagir devant ces mêmes discours ?

À un certain moment de notre vie, nous n'avons plus besoin des autres pour nous saboter, nous le faisons très bien nous-mêmes.

Mais à quoi servent donc ces saboteurs? À ne pas laisser tomber nos masques, à demeurer rigide dans le rôle social que nous nous sommes créé. Nous nous identifions aux autres, notre estime de soi n'est pas très forte et nous avons plus ou moins investi dans notre propre plaisir. En conséquence, le plaisir de rire s'est atrophié et nous avons besoin de conformité.

L'expression du rire est pourtant une source de vie naturelle. Il aide à libérer des énergies nouvelles. Rire, c'est reconnaître et s'avouer que nous pouvons être joyeux. C'est assumer le risque de prendre sa place en société et d'être remarqué.

Combien de personnes s'esclaffent et s'excusent aussitôt, une main devant leur bouche comme si le bruit émis pouvait déranger? C'est une attitude dont nous sommes tous régulièrement témoins.

Au contraire, lorsque nous acceptons de rire, nous sommes envahis par le plaisir, émus jusqu'aux larmes, des larmes de joie, bien sûr. Quel merveilleux éveil de la conscience! Pourquoi faudrait-il s'en priver?

Rire avec son partenaire crée une synergie: les corps physiques, les esprits et les aptitudes à ressentir sont sur la même longueur d'onde. Une telle expérience nous conduit à être authentique l'un envers l'autre, à nous dévoiler, à nous responsabiliser et à transformer notre relation conjugale.

Il est important d'être conscient de ce que nous vivons ensemble au moment présent.

Suggestions pendant une conversation:
1. Prenez un moment pour identifier la présence des saboteurs du rire. Notez le rire qui a été utilisé pour camoufler un comportement, une émotion ou pour fuir tout simplement l'instant présent.
2. Lors d'un moment intime, observez le rire exprimé spontanément par vous ou par votre partenaire et comparez vos déclencheurs. Remarquez vos impressions à la suite de cet exercice.

Inutile de dire que cet exercice doit se faire dans le respect mutuel et l'acceptation totale des différences.

Voici d'autres saboteurs que nous pouvons trouver dans une relation de couple.

Les prétextes
• Nous sommes trop occupés.
• Nous n'avons pas assez de temps pour nous amuser.

• Qu'est-ce que cela peut changer dans notre vie conjugale de s'accorder des moments pour rire ?

• À mon âge, je n'ai jamais fait ça, ce n'est pas aujourd'hui que je vais commencer.

Quels sont vos propres prétextes?
Énumérez-les:

_____

_____

_____

_____

_____

Comment transformer un saboteur en déclencheur?

En identifiant le saboteur et en l'acceptant, nous débloquons l'énergie et changeons la perception que nous avons de nous-mêmes. Nous arrêtons de nous dévaloriser en prenant conscience de notre pouvoir intérieur.

Quand nous sommes face à un déclencheur, nous sentons que notre esprit s'ouvre. Si nous restons aux prises avec notre saboteur, nous nous retenons, ce qui nous conduit au déplaisir.

Chaque fois que vous serez en présence d'un saboteur, prenez-en conscience et dites-vous «Youpi» tel qu'expliqué précédemment. Malgré vous, le saboteur se transformera en déclencheur. Même si vous ne riez pas aux éclats, il se produira un changement psychologique et vous vous prendrez moins au sérieux.

Vous avez le pouvoir de construire votre vie dans la souffrance en essayant de faire comme les autres, ce qui est impossible puisque vous êtes unique, ou dans la joie en prenant la vie en riant, ce qui allège le fardeau que vous portez sur vos épaules depuis si longtemps.

Notre plus grand saboteur, même au sein du couple, est la peur du ridicule. La peur est un sentiment qui surgit à la suite de la prise de conscience d'un danger réel ou imaginaire. Elle peut représenter une menace ou nous paralyser. Par contre, lorsque nous l'assumons, elle peut nous donner des ailes, nous pousser à agir.

Lorsque la peur du ridicule engendre un saboteur, il y a perte d'énergie et blocage émotionnel. Mais considérer cette peur comme un fait réel et l'accepter peut révéler un besoin, un désir insoupçonné. Posez-vous la question suivante: «Si je n'avais pas cette peur, qu'oserais-je faire?» Vous transformerez ainsi le saboteur en déclencheur.

Cherchez l'origine de ce saboteur, observez votre mode de perception, le processus par lequel vous continuez à l'alimenter au niveau visuel, auditif ou kinesthésique. Lorsque nous apprenons à vivre nos peurs par le rire, nous changeons notre attitude par rapport à celles-ci. Le rire produit une décharge émotionnelle qui permet de mettre temporairement la peur de côté et d'avoir une perception meilleure de cette émotion. Plutôt que d'être paralysante, elle nous encourage à passer à l'action.

Se comparer à l'autre

Dans les ateliers que je dirige, les participants ont souvent tendance à se comparer aux autres. C'est le cas du couple Carole et Robert.

> Au début de la rencontre, ils se comparaient aux autres personnes présentes et disaient: «On a tous l'air ridicule; c'est plus facile de se laisser aller.» En réalité, ce qu'ils exprimaient individuellement était: «J'ai besoin d'être comme eux, j'ai peur d'être différent et d'assumer ces différences.»
>
> Pendant une séance de rire collectif, Robert regardait souvent autour de lui, comme s'il se cherchait

un complice. En observant Carole qui riait en tapant des mains et des pieds, il ferma les yeux pour se concentrer jusqu'à ce qu'il déclenchât un petit rire timide, qu'il laissait sortir par saccades. Au moment du partage qui a suivi, Robert regarda sa femme et lui dit: «J'ai moins ri que toi, mais j'ai ri parce que tu le faisais avec tant d'aisance que j'ai décidé de faire comme toi, mais à mon rythme. J'avais peur de ne pas être accepté si je ne riais pas. Une voix intérieure me disait: "Tu n'en seras pas capable"(son saboteur).»

Robert s'est comparé dans l'intensité, dans la sonorité et dans la vocalisation. Malgré tout, il a osé dépasser sa peur en respectant ses limites. Il a réussi à transgresser son saboteur pour déclencher son rire en cessant de se comparer aux autres.

Questionnaire sur les différences

Je vous suggère de remplir ce questionnaire chacun de votre côté et de comparer ensuite vos réponses.

1. Dressez la liste des différences que vous pensez avoir.

_____

_____

_____

_____

_____

2. Qu'est-ce qui vous dérange dans ces différences?

_____

_____

_____

_____

3. Que faites-vous des émotions ressenties?

_____

_____

_____

_____

4. Identifiez vos modes de perception:

Que voyez-vous? _____

Qu'entendez-vous? _____

Que ressentez-vous? _____

5. Quelles sont vos priorités dans votre couple?

_____ l'argent

_____ la sécurité

_____ l'amour

_____ la communication

_____ les enfants

_____ le plaisir

_____ la sexualité

_____ autres

6. De quelle façon se fait l'évolution de votre couple?

_____ conflit permanent

_____ joie

_____ plaisir

_____ jeu

_____ colère

_____ autres

7- À quel moment et de quelle façon intégrez-vous l'humour et le rire à vos différences ?

_____

_____

_____

Chapitre 5

LE RIRE ET LA SEXUALITÉ

Riez! Vous vous libérerez des convenances, de vos inhibitions.
Ne croyez pas que vous vous trompez de chemin
car vous n'êtes pas encore allés assez loin.
J.Vénard

La sexualité est un tout. Source de vie, force intérieure de chaque individu, elle englobe les plans physique, psychologique, émotionnel et spirituel. Nous devons accepter notre sexualité et l'utiliser favorablement pour poursuivre notre évolution.

Plusieurs personnes, parce qu'elles entament une démarche spirituelle, refusent de vivre leur sexualité. Or, je crois que spiritualité et sexualité sont interreliées. Plus nous permettons à notre énergie sexuelle de circuler librement en nous, plus nous allons nous sentir vivant intérieurement.

Nous confondons souvent sexualité et acte sexuel. La sexualité est vécue même en l'absence d'acte sexuel, à travers la tendresse, les caresses, la sensualité et la sensibilité.

La sexualité est souvent à l'origine de conflits dans le couple par manque d'information et de compréhension, et par l'exclusion de l'humour et du rire.

La femme et l'homme ont des perceptions, des besoins et des façons différentes de vivre leur sexualité. La femme a besoin d'affection. Lorsque son affectivité est comblée, elle peut faire l'amour avec son partenaire. De son côté, l'homme trouvera souvent l'affection dans l'acte sexuel lui-même. Par contre, on constate de plus en plus que les hommes en évolution, à la recherche de leur féminité intérieure, aspirent au changement dans leur sexualité. Ils sont capables d'échanges intimes, sans acte sexuel.

L'harmonisation de la «femme intérieure», le côté émotionnel, et de l'«homme intérieur», le côté rationnel, assure l'équilibre de nos êtres. Au contraire, la distanciation entre ces deux pôles entraîne des conflits internes, qui se reflètent sur la relation conjugale.

L'importance d'avoir de la compassion pour soi, de se permettre d'osciller d'un pôle à l'autre pour s'apprivoiser, permet de progresser dans nos relations intimes.

Posez-vous les questions suivantes:

1. Faites-vous l'amour pour éliminer les tensions corporelles, les frustrations, le stress?

_____

_____

2. Acceptez-vous d'avoir des relations sexuelles pour vous prouver que vous êtes encore capable de séduire?

_____

_____

3. Êtes-vous passionné en amour?

_____

_____

4. Êtes-vous pressé d'atteindre l'orgasme?
(Orgasme sexuel ou orgasme de rire: ne dit-on pas que le rire est l'orgasme du corps et de l'esprit!)

_____

_____

5. De quelle façon séduisez-vous votre partenaire:
__ **par des sourires**
__ **des rires**

___ des vêtements affriolants
___ autres

6. Avez-vous suffisamment confiance en vous et en votre partenaire pour laisser tomber vos saboteurs du rire, c'est-à-dire vos masques, vos tabous, vos préjugés, et prendre le risque d'être moins performant?

_____

_____

7. Vous arrive-t-il d'être en panne de désir sexuel?
(Peut-être que le rire peut vous aider. Un brin d'humour vous ferait du bien. Lorsque vous pouvez en rire, vous dédramatisez. Il est démontré que le rire accroît la réceptivité sexuelle chez la femme et favorise l'érection chez l'homme.)

_____

_____

La distance la plus courte entre deux individus est le rire

La croissance d'un couple est aussi fragile que celle d'un enfant. Chaque pas demande un effort. C'est une découverte de soi à travers l'autre. L'épanouissement sexuel suppose d'être libre tout en étant engagé, d'être autonome, indépendant, spontané, capable d'établir une relation intense engageant autant notre mental que nos émotions.

Michel et Louise
Michel résout facilement ses conflits lorsque Louise, sa partenaire, n'est pas engagée dans le conflit. Cependant, dans sa relation intime, Michel perd ses moyens, son pouvoir, sa confiance, l'estime de lui-même. Axé sur la performance sexuelle, il a peur de ne pas être à la hauteur. Il a un grand désir de faire plaisir à Louise pour se sentir valorisé. Si bien qu'il néglige ses besoins personnels.

De son côté, Louise se sent frustrée parce qu'elle ne peut atteindre l'orgasme à cause des problèmes d'éjaculation précoce de Michel. Tous deux sont incapables de verbaliser leur malaise. Résultat: mésentente, reproches, querelles.

En thérapie, progressivement, les scénarios se sont transformés. Michel, qui refusait de ressentir sa vulnérabilité, a exprimé sa peur que Louise le quitte. Louise, elle, était enfermée dans le rôle stéréotypé de la femme passive.

Les sentiments enfouis ont refait surface. Chacun a pu faire valoir ses besoins, partager ses peurs, s'affirmer. Ils ont décidé de s'accorder des moments privilégiés pour réapprendre à rire ensemble. Les séances de rire par «chatouillement sans contact» et par entente mutuelle ont été l'un des exercices que je leur ai suggérés.

Vous trouverez la description de cet exercice au chapitre 8 portant sur le rire et la famille.

Cet exemple démontre comment les couples peuvent se réconcilier et évoluer. Quelle belle occasion de se dissocier d'un schéma de comportement devenu inutile! Michel a rencontré sa «femme intérieure» en acceptant de ressentir sa vulnérabilité et Louise s'est approprié à nouveau son «homme intérieur» en prenant sa place dans le couple. Faites comme eux: profitez d'une mer houleuse pour mettre le cap sur une réussite dans un territoire encore vierge.

Rire aide à rétablir le contact entre notre personnalité masculine et notre personnalité féminine, d'où l'importance du rire dans le couple. Plus je ris, plus je séduis; plus je séduis, plus je ris. Le processus de respiration engendré par le rire libère les tensions. Nous devenons plus sensibles à notre environnement, nous captons les informations transmises par les autres plus rapidement. Notre sensualité s'aiguise. C'est un plaisir intrinsèque à la découverte de l'actualisation de soi.

Répondez en quelques mots aux questions suivantes sur vos habitudes de rire:

1. Qu'est-ce qui vous fait rire?

_____

_____

2. Riez-vous ou souriez-vous souvent?

_____

_____

3. Qu'aimez-vous de votre rire?

_____

_____

4. Enfant, le rire était-il permis ou défendu chez vous?

_____

_____

5. Adulte, avez-vous peur du ridicule, de déranger, d'être critiqué si vous riez fort?

_____

_____

6. De quelle façon riez-vous? Avez-vous un rire étouffé, gras, vous esclaffez-vous, etc.?

_____

_____

7. Conservez-vous votre côté enfant avec votre partenaire?

_____

_____

8. Exprimez-vous vos folies, vos fantaisies sans crainte d'être jugé?

_____

_____

9. Quel genre d'humour utilisez-vous pour faire passer un message?

_____

_____

10. Lors d'un conflit, avez-vous tendance à dramatiser ou à dédramatiser les choses?

_____

_____

11. Lorsque votre partenaire est de mauvaise humeur, quelle stratégie employez-vous?

_____ compassion

_____ chatouillement

_____ reproches

_____ indifférence

_____ rire

12. Vous arrive-t-il de rire en faisant l'amour?

_____

_____

Rire, c'est communiquer

Je vous demande de cesser cette lecture quelques instants, le temps de vous poser ces questions:
- Que ressentez-vous en ce moment?
- À quoi pensez-vous?
- Quel monologue intérieur vous habite?

Il se peut que vous soyez en désaccord avec mes propos. Je ne prétends pas détenir la vérité. Cependant, une confrontation est indispensable, essentielle pour évaluer ce qui se passe dans votre relation intime actuelle ou ce qui s'est passé dans les relations précédentes par rapport à vos habitudes de rire.

Lorsque vous constatez qu'un rire vous blesse ou blesse l'autre et cause une souffrance morale, exprimez-vous; sinon, cette émotion ressentie resurgira à un moment ou à un autre, sous une forme différente et dans un contexte inattendu. Les sentiments tus, dissimulés creusent une distance de plus en plus grande entre les deux partenaires et nuisent énormément à la communication.

Nous savons tous, par expérience, que le rire et l'humour sont des ingrédients favorables ou défavorables à la communication selon l'utilisation que l'on en fait.

Exercice: Le miroir
(Exercice à faire à deux)

1. Asseyez-vous l'un en face de l'autre et adoptez une attitude très réceptive.
2. Regardez-vous en laissant le silence s'installer.
3. Observez vos réactions et celles de votre partenaire sans intervenir.
4. Ressentez votre vulnérabilité, votre intimité profonde, votre rapprochement.
5. Restez en contact avec ce qui se passe au moment présent. Poursuivez l'expérience sans parler.
6. Vous devenez le miroir l'un de l'autre.

7. Je vous suggère de vous sourire. Faites des mouvements de va-et-vient de la bouche comme si vous désiriez sourire.
8. Souriez sans montrer les dents.
9. Souriez en découvrant les dents.
10. Souriez en ouvrant très grand la bouche, jusqu'à ce que vous commenciez à rire.
11. Riez pendant au moins trois minutes de façon consécutive.
12. Partagez le résultat de votre expérience uniquement à la fin de l'activité.

Sexualité et rire, une même notion: le plaisir

Les phénomènes physiologiques qui se produisent lors d'une relation sexuelle et lorsqu'on rit sont similaires. Notre sensibilité s'éveille, nous sommes détendus physiquement et émus psychologiquement.

Dans son livre intitulé *La psychosomatique du rire,* le Dr Rubinstein mentionne que nous traversons cinq phases au cours des deux événements. Nous passons de la phase **préparatoire** à la **montée du désir**, d'une phase d'**attente** à une phase **d'explosion** et de **relaxation**. Voyons ces cinq phases de plus près.

La phase préparatoire au rire se produit par des stimulations extérieures ou intérieures. Pendant un repas, par exemple, les odeurs, les couleurs, le goût des aliments, l'ambiance, le décor, les regards complices, les plaisanteries, les images mentales sont autant d'éléments favorisant l'ouverture au plaisir.

Nous ressentons une excitation, une joie intérieure. C'est la montée du désir. Il se passe quelques secondes avant l'explosion de cette émotion, qui est le rire, suivie d'un état de relaxation, puisque lorsque nous rions, nous ressentons une détente complète.

Bien sûr, ces étapes ne se succèdent pas toujours jusqu'au bout. Nous pouvons les interrompre selon nos mécanismes de défense que j'appelle nos saboteurs.

La sexualité, tout comme le rire, engage l'être dans toute sa globalité. Plus vous saurez rire de vous avec l'autre, plus vous dédramatiserez vos inquiétudes, vos difficultés et vos complexes; plus vous serez prêt à vous rapprocher de l'autre et à partager le plaisir d'être ensemble.

Vous faut-il encore d'autres raisons pour rire?

En voici quelques-unes:

- Rire stimule le désir de vous rapprocher de votre partenaire, d'être plus frivole et extravagant.
- Rire suscite l'émerveillement et la passion.
- Rire favorise la croissance de l'un et de l'autre.
- Rire permet d'actualiser vos expériences au-delà de vos espérances.
- Rire permet de découvrir chez l'autre des facettes insoupçonnées.
- Rire dissipe les tensions et les inhibitions, permet de lâcher prise, d'abandonner temporairement la logique, la rigidité, le «trop sérieux» pour accéder à la joie et à la bonne humeur.

Nous avons vu le lien direct qui existe entre le rire et la séduction. Poursuivons. Avez-vous conscience du type de rire que vous utilisez pour établir un contact avec votre partenaire? Ce rire dissimule-t-il des sentiments? Ce rire engendre-t-il du désir?

Pour terminer la partie de ce chapitre concernant la sexualité, je vous suggère l'exercice suivant:

Exercice: L'enfant rieur

1. Placez-vous dos à dos. Respirez normalement.

2. Fermez les yeux et concentrez-vous par quelques respirations. Essayez d'adopter le même rythme respiratoire que celui de votre partenaire, sans forcer.

3. Tranquillement, imaginez que vous avez quatre ou cinq ans et que vous êtes un enfant espiègle, enjoué, taquin.

4. Doucement, commencez à faire ressortir cet enfant intérieur en massant votre partenaire des épaules jusqu'aux fesses, jusqu'à ce que vous commenciez à rire.

5. Sentez votre partenaire comme s'il était votre fruit préféré. Laissez votre «femme intérieure» diriger votre sensualité et votre «homme intérieur» suivre son intuition en passant à l'action. Prenez tout votre temps.

Cet exercice d'une grande intensité vous procure le bien-être et vous remet en contact avec votre enfant intérieur souvent réprimé.

Dans mes ateliers, lorsque je propose cet exercice, je constate toujours avec quelle facilité les participants s'exécutent. Ils le font avec la spontanéité et l'émerveillement d'un enfant.

Chapitre 6

LA COMMUNICATION ET LE RIRE

Chaque jour, écoutez votre rire. Il vous parle,
car rire s'est communiquer.
J.Vénard

Je ne vous apprendrai rien en vous disant que la communication est un élément très important dans une relation intime. En consultation, j'ai remarqué que la majorité des couples utilisaient le «nous» et le «on» pour parler d'eux-mêmes: «On est très heureux», «Nous avons du plaisir», «Nous rions très souvent.»

Cette forme de langage conduit à une relation symbiotique et amène la perte d'identité de chacun des partenaires. En remplaçant le «nous» par le «je» («J'ai du plaisir», «Je ris souvent lorsque je suis en ta présence»), je prends conscience de qui je suis à travers toi. Je suis avec l'autre et non comme l'autre. Différencier le «je» du «nous» permet à chacun de se reconnaître, de s'identifier, surtout de prendre position dans la relation puisque «je communique **à partir de ce que je suis** en tant qu'individu».

Il arrive aussi souvent que, dans le couple, l'un pense à la place de l'autre, anticipe ses désirs. «J'ai pensé que tu voulais...», «J'ai organisé cette soirée pour toi parce que je sais que tu aimes ça.» Imaginez maintenant que l'autre ait prévu tout autre chose. Vous allez être déçu, vous sentir rejeté et peut-être même vous mettre en colère.

Un petit truc: vous pouvez avertir l'autre que vous lui réservez une soirée en ne dévoilant pas la façon dont elle va se dérouler; ainsi, l'autre aura toujours le choix d'accepter ou de refuser.

La confusion du «je», du «nous» et du «tu» est un des exemples d'une communication déficiente. Évitez d'établir une relation aliénante où le dialogue devient impossible. Excluez l'uniformisation: dans cette perspective, l'autonomie est assurée.

Posez-vous la question suivante: quelle forme de langage utilisez-vous? Vous retrouvez-vous dans les affirmations suivantes:

- «**Il faut** que je trouve de nouveaux moyens de m'amuser.»
- «**Je dois** faire l'amour parce que ça fait plusieurs fois que je m'esquive.»
- «**J'aurais dû** être plus patient.»
- «**Je dois** avoir plus de discernement.»
- «**Il faut** que je m'exprime davantage dans ma relation.»
- «**Je devrais** faire des exercices pour maigrir, peut-être que le désir reviendra.»

Constatez-vous la forme de rigidité que ce langage suggère? Tout devient obligation et non plaisir, et engendre jugement et reproches. On en revient à l'apparition des saboteurs, le dialogue entre notre gourou intérieur qui nous dit: «Tu dois faire ça» et le rebelle qui réplique: «Je ne suis pas convaincu que ces changements soient bénéfiques pour moi, donc je résiste.»

Le secret

«Je te dis je t'aime
Et tu ne me crois pas
Si je te le dis
Tu me souris.
Je te crie mon amour
Mais tu restes sourd.
Pourtant j'entends des voix qui résonnent
Dans ma tête, dans mes oreilles.
Elles bourdonnent, elles bourdonnent
Je me sens dans un état de veille
État qui calme mon désarroi
De cette façon je retrouve la foi
Je continue à te dire tu vois
Je t'aime je t'aime encore une fois.»

Nous sommes tous préoccupés par notre apparence physique, ce pauvre petit corps qui n'est jamais aussi parfait qu'on le voudrait.

Faites-vous bon ménage avec votre corps? Vous trouvez-vous séduisant? Êtes-vous capable de rire ou de sourire de cette partie de votre corps que vous aimez moins?

Lorsque vous refusez votre corps tel qu'il est, vous lui faites violence, vous l'agressez, vous bloquez votre énergie sexuelle et vous ressentez des tensions physiques. Il se venge à sa manière.

Apprenez à ressentir ces messages en l'accueillant, en le soignant. Remerciez-le pour le plaisir qu'il vous procure. Ce sont autant d'éléments positifs qui mènent à la réussite sexuelle.

Suggestions
- Faites la rétrospective des moments où vous avez le plus ri ensemble.
- Identifiez quelles stratégies vous utilisez pour faire rire votre partenaire.
- Vérifiez comment vous réagissez lorsqu'il (ou elle) ne rit pas.
- Observez ce que vous ressentez lorsque votre partenaire rit avec quelqu'un d'autre (jalousie, envie, agressivité, indifférence, rejet).

Exercice: Le langage inventé

Choisissez un moment opportun pour tous les deux. Ayez l'esprit ouvert au jeu. Assis face à face, vous vous regardez. (Décidez ensemble qui interprète A et qui devient B.)

1. A regarde B.
2. A fait un compliment à B dans un langage **inventé**. Dépassez le langage connu. Inventez votre propre langage du genre «sobladocasohorimato». Le but est d'essayer de commencer à rire et non d'intellectualiser ce qui est dit.
3. B remercie A en inventant aussi son propre langage.
4. Prolongez l'activité selon vos propres désirs.

Vous vous réconciliez avec votre enfant intérieur en jouant et affrontez ainsi la peur du ridicule

Chapitre 7

L'HUMOUR DE SOI ET DES AUTRES

La vie est une vaste blague que Dieu nous fait
pour nous apprendre à dévolopper
notre sens de l'humour.
J. Vénard

Comme je l'ai déjà expliqué, le rire est l'expression d'une émotion dans une circonstance particulière. La faculté de rire a été donnée à la naissance à chaque individu. Il n'en est toutefois pas ainsi de l'humour qui, lui, a un caractère culturel, régional, familial et, je dirais même, personnel. L'humour s'acquiert, se développe en fonction de l'entourage familial et social, mais il peut également s'apprendre et se contrôler parce qu'une dimension rationnelle entre en ligne de compte. Le rire est un réflexe déclenché par l'hémisphère droit du cerveau, siège des émotions, tandis que l'humour présuppose le rôle actif du côté gauche, siège de la raison. Pour faire de l'humour, il faut penser, organiser des phrases et des jeux de mots à partir d'une réalité.

Vous me direz que certaines personnes ne pensent pas bien longtemps avant de faire de l'humour sur le dos des autres. Vous avez raison, mais c'est là une autre dimension sur laquelle je reviendrai.

L'humour crée un effet de surprise qui force l'entourage à réagir, que ce soit par le rire ou même, parfois, par l'indifférence. Il désarme. L'humour sert à tourner le monde en dérision par la caricature, ou amplifie une manie ou un défaut que l'on attribue à une société, à un individu présent ou absent, voire à soi-même, et il peut prendre des formes très variées.

L'humour peut être positif et, dans ces circonstances, tonifier, vivifier, relaxer le corps et l'esprit. Il peut servir à faire réfléchir ; il peut être affectif et avoir une résonance émotionnelle ;

il peut être hautement intellectuel par l'utilisation de jeux de mots, de connaissances culturelles ou de rapprochements avec l'actualité. Dans toutes ces circonstances, la plupart du temps, il sera sans effet direct sur la personne même de l'auditeur.

Toutefois, l'humour peut aussi se révéler toxique quand il a pour but de blesser, d'attaquer, de mépriser l'autre que l'on considère alors comme inférieur à soi. Il faut savoir respecter les émotions et les sentiments des autres, se montrer attentif et éviter de contribuer à cette forme d'humour.

Apprendre à rire de soi avant de rire des autres

Apprendre à rire de soi, de ses travers, accepter d'être imparfait nous permet de développer notre propre sens de l'humour. C'est le meilleur moyen d'être bien avec soi-même.

L'individu qui a une faible estime de lui-même sera incapable de rire de lui et acceptera rarement qu'on se moque de lui, même sans méchanceté.

Par l'humour, il lui sera possible de projeter vers l'extérieur un aspect de lui-même qu'il considère comme une faiblesse et qu'il refuse d'accepter. En faisant rire les autres, l'humour permet d'amoindrir la souffrance intérieure et d'éliminer la peur du ridicule au détriment d'une meilleure reconnaissance et d'une meilleure acceptation de soi. Il est important de laisser son *clown* intérieur se manifester.

Comment développer son sens de l'humour ?

• En étant conscient du genre d'humour qu'on utilise.
• En étant attentif au contexte dans lequel on s'en sert.
• En identifiant notre capacité à accepter l'humour des autres.
• En identifiant ses propres limites.
• En osant dire que le type d'humour utilisé par quelqu'un ne nous plaît pas.

En apprenant à rire de soi, on se libère d'une surdose de stress, on se débarrasse de nos saboteurs, on élimine les tensions corporelles, on évite la maladie, autrement dit, on se rééquilibre pour notre plus grand bien.

On peut considérer la vie comme une grande comédie et apprendre à accepter les cadeaux qu'elle nous fait.

Réflexions sur les autres

- Quand avez-vous utilisé l'humour toxique pour la dernière fois?
- Envers qui?
- Pourquoi?
- Qu'a ressenti la personne visée?
- Qu'avez-vous éprouvé?
- Comment auriez-vous pu agir autrement?

Par rapport à vous

- Quand a-t-on utilisé l'humour toxique envers vous pour la dernière fois?
- Dans quelles circonstances?
- Qu'avez-vous ressenti?
- Comment avez-vous réagi ?
- Aviez-vous raison de réagir ainsi?

Exercice: Rire pour rire

(rire en dyade)

1. Placez-vous face à face, installez-vous confortablement et détendez-vous.

2. Osez laisser sortir des sons de rire en vous amusant. Des «HA! HA! HA!», des «HO! HO! HO!».

3. Jouez avec les sons qui se présentent à votre esprit, jusqu'à ce que vous arriviez à en rire ensemble, jusqu'à ce que la raison s'abandonne.

4. Après cette séance de rire, prenez le temps de savourer votre plaisir intérieur et partagez votre expérience avec votre partenaire.

Questions à se poser:

- En faisant cet exercice avec toi, qu'est-ce que je découvre de moi? De toi?
- Ai-je vaincu certains saboteurs?

- Me suis-je abandonné?
- Quels aspects de moi-même cet exercice a-t-il touchés: Mon émotivité? Mon intimité profonde? Ma sensibilité? Ma sensualité? Ma vulnérabilité?

Ne vous blâmez pas si, pendant cet exercice, vous avez ri plus ou moins fort que votre partenaire et ne l'en blâmez pas non plus. Acceptez d'être différents. Même dans le rire, vous êtes unique.

Constatez comment votre mental se clarifie et se libère par cette technique.

Ayez foi en vous, en votre beauté intérieure, en l'univers. Il y a tant de joie, d'amour autour de vous. Ouvrez votre cœur et vivez dans le rire.

Vous souvenez-vous quand...

- *vous lui avez écrit un petit billet doux?*
- *vous lui avez fait un compliment?*
- *vous avez chanté ensemble?*
- *vous vous êtes fixé rendez-vous pour sortir ensemble?*
- *vous avez fait du ski, de la bicyclette ensemble?*
- *vous vous êtes préparé un souper aux chandelles?*
- *vous lui avez offert un petit cadeau, sans raison?*
- *vous avez fait ensemble une promenade en riant de tout et de rien?*
- *vous avez ri ensemble en regardant un film?*
- *vous avez ri en faisant l'amour?*
- *vous avez ri ensemble dans un endroit inattendu?*
- *vous vous êtes chatouillés mutuellement?*
- *vous vous êtes habillé de façon excentrique pour le surprendre?*
- *vous avez eu vraiment du plaisir ensemble?*

Chapitre 8

L'HUMOUR ET LE RIRE
DANS LA FAMILLE

La seule chose qui vaille la peine d'être possédée sur cette terre,
c'est le sens de l'humour.
L. Steffen

Ma capacité d'utiliser l'humour et le rire en famille, avec mes enfants, m'a épargné bien des problèmes. Grâce à mes enfants qui, très jeunes, ont pris l'habitude d'imiter mes comportements, j'ai appris à rire de mes défauts, à trouver le côté drôle des choses et des événements. J'ai découvert qu'il y avait d'autres alternatives au rôle de parent que celui qui m'avait été inculqué.

Je vous propose donc de faire place à l'humour et au rire pour améliorer vos relations familiales. Quitte à être critiqué, à passer pour une folle. Mais comme j'adore les défis, je suis enthousiaste à l'idée de relever ce pari déraisonnable...

De nos jours, la famille prend plusieurs formes: traditionnelle, reconstituée, monoparentale. Qu'importe, elle demeure le phare qui éclaire le chemin de la vie. Quel bonheur ce serait si toutes les familles pouvaient se pâmer de rire et que le son de ces rires soit entendu à travers tout l'univers! Je rêve de ce moment idyllique.

Dans les séminaires que je dirige, j'entends souvent des participants dire: «Je n'ose pas trop parler de mon bonheur, exprimer ma joie. Je ressens souvent un sentiment de culpabilité.» En effet, c'est mal vu d'être bien. Si vous riez très souvent, vous pouvez être perçu comme «anormal» par certaines personnes... selon la normalité de notre société. Pour ma part, j'aime cette «anormalité», cela me fait «sous-rire». Une bonne raison de pratiquer ce métier de «rirapeute», n'est-ce pas?

Le sourire coûte moins cher que l'électricité, mais il éclaire davantage.

Qu'est-ce que «sous-rire»?

Le «sous-rire» c'est le dessous du rire, c'est l'introduction au rire, mais sans éclat ni sons.

En souriant, on découvre les dents, la bouche est entrouverte, les yeux deviennent plus pétillants, plus brillants, les muscles du visage se décontractent.

Le plus probant, c'est la disparité qui existe entre le sourire social, de cocktail, ironique, moqueur, séducteur, soit pour maintenir une convenance ou encore pour garder une dose de sérénité même à la suite d'un mal-être, et le véritable sourire, franc, complice, spontané, parce qu'on se sent radieux, joyeux, heureux, un sourire de satisfaction, de bien-être, surnommé le «rire Duchesne».

Duchesne de Boulogne, médecin français, auteur de travaux sur les maladies neurologiques décrit, en 1862, la différence entre un véritable sourire et un faux sourire. Le premier provient du muscle orbital et met en jeu les émotions de l'âme; le second ne met en action que les muscles volontaires de la joie, les muscles zygomatiques majeurs.

Bref, peu importe comment vous souriez, je vous invite à continuer à sous-rire.

Relevons que le rire est un acte global, un jogging intérieur, il produit une décontraction profonde de toutes les parties de votre corps et le sourire procure une détente partielle des muscles faciaux, dissipe les tensions au niveau des mâchoires, des joues et des yeux et prédispose au rire, au plaisir.

Dans mes conférences, lorsque je raconte mes expériences de sourire aux inconnus dans le métro, dans les foules, là où il faut être très sérieux, je dis à l'assistance: «Ce qui se passe dans votre tête actuellement est la même chose que ce qui se passe dans la tête des gens qui me regardent agir. Ils se disent: "Encore une échappée de l'asile, mais elle ne le sait pas! Est-ce que je la connais? Est-ce qu'elle essaie de me faire du charme? Est-ce qu'elle me sourit ou bien sourit-elle à celui qui est derrière moi?"»

Que de questions pour un simple sourire! Il y a des gens qui veulent répondre à mon sourire en faisant des grimaces comme s'ils avaient un élastique accroché aux oreilles. Ils sont très gênés de me répondre. Très peu doivent se dire en me voyant agir de la sorte: «Elle est heureuse, elle est joyeuse, elle est bien.» Donc, ce n'est pas normal de sourire juste pour sourire. Il faut toujours avoir une bonne raison. Comme pour rire, d'ailleurs. On ne rit pas sans raison, c'est bien connu!

Dans votre famille, comment réagissez-vous lorsque vos enfants rient pour rien? Avez-vous tendance à rire avec eux sans vous questionner ou cherchez-vous d'abord à savoir pourquoi ils rient? Les empêchez-vous de rire parce que vous jugez que ce n'est pas convenable?

Le rire et l'humour sont tellement absents des familles que nous sommes obligés d'aller voir des humoristes, de louer des films vidéo ou de regarder des émissions drôles. Les familles deviennent des consommatrices d'humour passives parce que les parents sont incapables de faire les clowns eux-mêmes, d'exploiter leur côté ludique, de se laisser aller dans leur folie avec leurs enfants et de se départir ainsi, de temps en temps, du rôle de parents conventionnels inhibés.

Si vous n'avez jamais vu vos parents se comporter de la sorte, vous manquez de référence. Vous ne pouvez donc penser que la chose est permise. Vos parents ont fait ce qu'ils ont pu avec les moyens dont ils disposaient. Il est inutile de leur reprocher quoi que ce soit. Adultes, nous sommes responsables de nous-mêmes.

Nos croyances nous aveuglent. Nous sommes conditionnés par de vieux schémas, des pensées qui sabotent notre évolution. Nous avons cru longtemps que le mariage pouvait durer toute la vie. Nous croyons qu'il faut éduquer nos enfants sévèrement. Nous croyons qu'en leur imposant une discipline, nos enfants vont nous obéir et nous respecter. Nous croyons que nous sommes entièrement responsables d'eux et que nous devons être des parents modernes. Nous croyons que nous allons perdre la maîtrise de la situation si nous rions, si nous jouons trop souvent avec eux. Voilà autant de croyances erronées auxquelles nous tenons dur comme fer.

Or, notre rôle de parents est d'aider nos enfants à se développer physiquement, émotionnellement, mentalement et spirituellement; de subvenir à leurs besoins de base, de leur apprendre à fonctionner en société, de les responsabiliser. Autrement dit: de les aider à faire leurs propres expériences de vie, de ne pas les faire à leur place, de leur apprendre à être libres et indépendants. Cela ne veut pas dire de tout concéder, mais de ne pas tout prévoir pour eux en les dominant, en les contrôlant ou en les surprotégeant.

L'enfant fait lui-même ses apprentissages durant les sept premières années de sa vie et c'est surtout en nous imitant qu'il apprend ce qu'est la vie.

La première interaction sociale entre le nouveau-né et son environnement est basée sur le sourire, le rire et le jeu. Lorsque vous riez avec lui, vous lui apprenez à exprimer sa joie. Plus vous jouez avec lui, plus il a de chances de devenir un enfant enjoué parce qu'il vous imitera dans vos gestes drôles. Il fonctionne spontanément, instinctivement: le rationnel ne le bloque pas.

L'enfant est notre miroir. Nous nous mettons à rire lorsqu'il imite son père ou sa mère, lorsqu'il essaie de marcher comme nous, lorsqu'il cogne sur la table pour s'affirmer ou qu'il tente de nous manipuler par des mimiques afin d'obtenir quelque chose. Nous rions alors de nos propres faiblesses, de nos peurs, de nos croyances erronées, de nos tabous, de nos interdits. Nos saboteurs resurgissent (ils ne sont pas morts, ceux-là!).

Par contre, observer son enfant dans sa façon d'ÊTRE authentique nous replace face à nos déclencheurs. Nous apprenons comment suivre spontanément notre énergie et vivre la créativité sans subir la censure de notre intellect. Nos enfants se transforment lorsque nous le faisons nous-mêmes.

Les parents rigides, sérieux envers eux-mêmes, qui font fi du plaisir, auront de la difficulté à jouer, à se laisser aller et même à comprendre leur enfant qui, lui, le fait, car ils ne voient pas qu'à travers le jeu, existe une certaine forme d'apprentissage. Pour les parents, c'est une perte de temps.

Peut-être que, grâce à leur contact, ces parents auront retrouvé leur «enfant intérieur» blessé, mal aimé, abandonné ou rejeté. Ils apprendront à vivre dans le moment présent, en cessant de se laisser diriger par leur mental, en faisant de nouvelles expériences.

Observez vos réactions envers votre enfant lorsqu'il exprime sa colère, son impatience, lorsqu'il boude ou qu'il devient égocentrique. Qu'éveillent en vous ces comportements? Qu'apprenez-vous sur votre «enfant intérieur»? Peut-être a-t-il peur! Le rassurer, le cajoler, le sécuriser, se donner à soi-même ses propres besoins d'attention, de tendresse, de sécurité vous permettra de comprendre votre enfant et de l'aider.

J'ai suggéré l'exercice suivant à une cliente.

En adulte rationnelle qu'elle était, je lui ai demandé de visualiser une petite fille, de la voir debout à côté d'elle, d'observer ce qu'elle ressentait. Elle s'est mise à pleurer parce que cette petite fille lui tendait les bras, elle avait besoin d'être entourée, bercée, mais l'adulte se sentait incapable de répondre à ces attentes. Elle vivait un énorme sentiment d'impuissance, impuissance en effet face aux besoins de la petite fille qui était en elle, mais non face à ses propres émotions puisqu'elle a été capable d'exprimer sa tristesse. Entrer en contact avec cette petite fille en manque d'amour a permis à ma cliente de se situer dans sa vulnérabilité. Exprimer ses sentiments, c'est se permettre d'être vulnérable.

Par expérience, j'ai souvent constaté que plusieurs parents pensaient que leurs enfants étaient des êtres impuissants, sans défense, peu constants. Les enfants le ressentent et se comportent alors de la sorte. Ils détestent que les parents leur dissimulent la vérité. Ils ont alors l'impression de ne pas être respectés.

L'enfant vit dans sa spontanéité, guidé par sa sensualité. Il entend, voit, ressent. Il vous entend rire ou crier. Il vous voit joyeux ou fâché. Il ressent votre joie ou votre tristesse.

Lorsque vous êtes stressé, même si vous essayez d'être calme, les enfants le ressentent. Dites-leur franchement ce que vous vivez au moment présent. Cessez de faire semblant de ne pas être en colère alors que vous l'êtes. Sinon, à la moindre occasion, cette colère sera dirigée contre eux.

Dans de telles circonstances, prenez un certain recul, retirez-vous dans une autre pièce, permettez-vous de crier, de hurler, de pleurer et terminez par des sons de rire et de cris d'abord agressifs, puis doux. Donnez-vous la permission de vous défouler. Vous ressentirez une décharge émotionnelle, une libération de votre émotion, un regain d'énergie.

Vous pouvez également pratiquer cet exercice en famille en demandant à vos enfants de crier, de chanter et de rire en leur disant que vous avez besoin d'exprimer cette colère par le jeu. Ils seront très heureux de pouvoir vous aider.

Acceptez de rire de vous. On peut apprendre beaucoup à travers le jeu, le rire et l'humour.

Expérimentez ces exercices, mettez-les en pratique pour éliminer vos vieilles croyances. Vos saboteurs disparaîtront et vous constaterez que le résultat est favorable non seulement sur le plan mental mais aussi sur le plan émotionnel.

Lire ce livre démontre votre ouverture d'esprit, mais expérimenter les exercices que je vous suggère vous fera changer de niveau de conscience, de l'intellect au vécu. L'adulte n'apprend-il pas par l'expérimentation, ne s'exprime-t-il pas à la suite de ses expériences?

L'humour, ressource familiale

L'humour est une ressource familiale très importante, mais ô combien ignorée, celle que l'on enseigne le moins aux parents. C'est une ressource qui peut les aider à résoudre les problèmes quotidiens et à renforcer les relations familiales.

Le rire et l'humour sont des antidotes essentiels à la santé de chaque membre d'une famille. Les parents qui partagent l'humour et le rire avec leurs enfants ont développé des aptitudes créatrices, et trouvent souvent des solutions plus rapidement que les autres, car ils ne dramatisent pas et ne cherchent pas un coupable.

En adoptant l'habitude de rire (pas seulement en racontant des histoires), en organisant des séances de rire en famille, nous nous libérons de situations chargées d'émotivité, nous créons une ouverture à la discussion. Les règlements de base, le rôle de chacun, les mesures disciplinaires s'il y a lieu, sont mieux acceptés par les enfants. Nous obtenons ainsi leur collaboration et le respect.

Questions à se poser sur le rire en famille

1. Avec qui ai-je le plus besoin de rire?
_____ mon père
_____ ma mère
_____ mes frères
_____ mes sœurs

2. Mon sens de l'humour respecte-t-il chaque membre de la famille?

3. Parents et enfants rient-ils souvent ensemble?

_____

4. Quel est le genre d'humour que je préfère?

_____

5. Quelle est ma blague favorite?

_____

6. L'humour est-il utilisé pour abaisser, ridiculiser, se venger, faire passer l'agressivité ou ensoleiller l'humeur de chacun et permettre de se sentir plus près les uns des autres?

_____

Nous ne sommes pas toujours conscients des formes d'humour que nous exploitons. Même si notre intention première est de faire rire et non de nuire aux autres, il arrive souvent que ce soit cette deuxième réaction qui se produise.

Le sens de l'humour varie d'une personne à une autre. Nous disposons d'un grand répertoire d'humour. Plaisanter, se taquiner en famille nous aide à modifier notre perception de nous-même et celle des autres. Nous développons une perspective amusante des problèmes.

Questionnaire sur les habitudes de rire en famille

1. Comment réagissez-vous lorsque vous êtes maladroit?

_____

_____

2. Quelle attitude adoptez-vous lorsque votre enfant est maladroit?

_____

_____

3. Comment percevez-vous l'échec? Pour vous? Pour votre enfant?

_____

_____

4. Quel genre d'humour utilisez-vous en famille?

_____

_____

5. Qu'est-ce qui déclenche le rire entre chacun des membres de votre famille?

_____

_____

Techniques pour rire en famille
- Faire des concours de mime ou d'improvisation.
- Lire une histoire à haute voix en simulant les voix et les intonations des personnages.
- Participer aux tâches ménagères ensemble en chantant, en se racontant des histoires, en dansant.
- Organiser un spectacle avec des déguisements.
- Faire le clown en portant des chapeaux, des lunettes, etc..
- Imiter des animaux en marchant et en criant comme eux.
- Jouer dehors, se rouler dans l'herbe, jouer à cache-cache.
- Organiser des séances de rire sans raison, en utilisant des exercices de défoulement, de respiration, de relaxation (Réf.: cassette _Rire c'est sérieux_).

Comment se développe l'humour?
La première phase est issue du contexte familial. S'agit-il d'un humour sarcastique, ironique, toxique que vous avez entendu lorsque vous étiez enfant ou bien d'un humour sain qui aide à soutenir, à encourager, qui a un sens créatif? Il y a de fortes chances que l'humour que vous utilisiez aujourd'hui dans votre milieu social ou professionnel soit le reflet de celui qu'on vous a habitué à entendre et à utiliser dans l'enfance. De là l'impor-

tance d'être vigilant dans les remarques que nous leur faisons, qu'il s'agisse de jeunes enfants, d'adolescents ou de jeunes adultes.

La période la plus critique est sans aucun doute le passage de l'enfance à l'adolescence. Entre l'âge de 12 et 16 ans, tous les jeunes développent leurs relations sociales et cherchent à s'intégrer au monde des adultes. Cette transition délicate peut être vécue comme une période enrichissante ou traumatisante selon l'attitude des parents. Ce changement est-il valorisé ou ridiculisé (pensez aux comportements, à la tenue vestimentaire, etc.)? Voici un bel exemple pour illustrer mes propos.

Il y a quelques années, en Belgique, j'animais un atelier sur le rire et l'humour en milieu familial. Cinq membres d'une même famille y participaient, les parents et trois adolescents. Ces derniers ne cessaient pas de faire des blagues entre eux (souvent les uns aux dépens des autres) sur le déroulement de la séance et sur les exercices que je leur proposais. Cette attitude reflétait parfaitement la forme de communication qu'ils avaient développée depuis leur plus tendre enfance.

Lors de la période de discussion qui a suivi ces exercices, j'ai réussi à leur faire exprimer comment les plaisanteries et les sarcasmes supposément inoffensifs les faisaient souffrir, les détruisaient et les éloignaient au lieu de les rapprocher.

J'ai vécu la même souffrance sur le plan personnel. Je me souviens que, lorsque j'avais 12 ans, j'étais petite et rondouillarde, avec une poitrine très développée. J'entendais souvent des remarques désobligeantes du genre: «Pouet, pouet! les klaxons fonctionnent», «Toi, la crotte, pousse-toi de là» et on m'affublait de surnoms peu flatteurs du genre «nabot», «rase-mottes». J'avais honte et je me sentais anormale. Je marchais le dos courbé pour ne plus entendre ces taquineries agressantes. J'ai longtemps refusé ma petite taille et je n'ai finalement réussi à m'accepter que lorsque j'ai cessé de me comparer aux autres et de les envier sur le plan physique. Il m'aura fallu de nombreuses démarches de croissance personnelle pour y parvenir.

Nous devenons victimes de l'humour que je qualifie de toxique; nous sommes blessés, dévalorisés par ces sous-entendus. En tant que victimes de l'humour toxique nous avons tendance à nous dévaloriser et nous développons une faible estime de nous. Nous ressentons une grande vulnérabilité, car les sarcasmes dont nous sommes la cible nous poussent habituellement à développer colère, ressentiment, jalousie et envie. Nous nous sentons démunis et nous reproduisons les mêmes comportements. L'enfant victime va donc grandir avec une perception négative de l'humour. Il sera surpris, à l'âge adulte, que les autres ne rient pas de ses blagues, qu'ils ne comprennent pas ses plaisanteries. C'est que l'humour toxique est devenu une arme, offensive ou défensive, envers ses amis et dans ses relations intimes, que ce soit pour exprimer un compliment, son affection, sa tendresse, ses sentiments. Ses relations en seront donc perturbées.

Dans le couple, l'humour toxique est une arme plus dangereuse encore. Il est souvent utilisé pour minimiser les problèmes, faire des reproches, souligner les difficultés vécues par les deux partenaires. Cette forme de méchanceté conduit souvent au divorce.

La prochaine fois que vous aurez la tentation de faire passer une frustration par cette sorte d'humour, pensez-y deux minutes et dites-vous: «Si je n'utilisais pas ce moyen, qu'est-ce que je dirais à cette personne?» Avec l'humour toxique, vous vous cachez derrière un écran, vous ne vous engagez pas émotionnellement. Mais si vous en prenez conscience, si vous décidez d'arrêter ce cercle vicieux, vous devenez plus authentique dans vos relations familiales ou autres.

Retenez que l'humour sain contribue à bâtir une confiance mutuelle, permet de développer une estime de soi positive et enrichit la vie des gens qui vous entourent. Chaque fois que vous éclatez de rire, que ce rire vient du plus profond de votre être, vous intensifiez vos vibrations et aidez les autres à rayonner dans la joie. Transmettez-leur votre rire par votre regard, vos gestes, votre corps. Ouvrez votre cœur à l'amour du RIRE.

Exercice: Le chatouillement en famille

Nous avons souvent recours au chatouillement entre adultes ou avec les enfants pour déclencher le rire. Sans qu'on s'en rende vraiment compte, le chatouillement peut prendre des allures d'agression; c'est pourquoi nous essayons de nous libérer de ces mains qui nous «agressent», même si nous rions à gorge déployée. Je vous propose donc une technique moins violente. Le but visé est de rire, n'est-ce pas?

Il s'agit tout simplement de se chatouiller sans se toucher, avec consentement mutuel. Si le partenaire veut mettre fin à l'expérience, il est important de respecter ce choix.

On peut mettre en pratique cet exercice en couple ou en famille. Je vous suggère de le faire à la fin de la journée pour vous relaxer, pour éliminer le stress et pour retrouver votre bonne humeur.

1. Assis en cercle ou deux par deux, les participants écoutent l'un des parents qui transmet les consignes: «On va faire "comme si" on se chatouillait, mais sans se toucher. On peut faire tous les gestes et les sons que l'on veut, mais il est interdit de toucher les autres.»
2. À tour de rôle, chacun est le sujet à chatouiller; il reste assis à sa place ou se couche au milieu du cercle. S'il veut cesser d'être chatouillé, il lève la main et tout le monde arrête.

Ce petit jeu, qui peut paraître très simpliste, déclenche chaque fois le rire de tous les participants.

Vous pouvez poursuivre la séance avec l'exercice suivant. J'appelle cela «le bedon qui rit». Le but de l'exercice est d'apprendre à rire juste pour rire et de communiquer son rire aux autres.

1. L'un d'entre vous se couche par terre.

2. Le deuxième se couche en posant la tête sur le ventre du premier.

3. Le troisième fait de même sur le deuxième et ainsi de suite, jusqu'à ce qu'on forme un grand cercle.

4. Vous pratiquez d'abord une inspiration abdominale en gonflant le ventre puis en expirant doucement.

5. À la deuxième respiration, vous expirez par saccades. Le mouvement que fait le ventre ne peut faire autrement que de déclencher le rire chez tout le monde.

Après cet exercice, prenez quelques instants pour ressentir votre bien-être et pour partager vos impressions.

Chapitre 9

LE RIRE AU TRAVAIL

Ne regrettez pas ce que vous auriez dû faire hier,
bâtissez en agissant aujourd'hui.

Le travail est le père du plaisir.
Voltaire

Je vois d'ici la moue des sceptiques qui liront ce titre. Qu'importe le milieu dans lequel j'offre mes formations (entreprises, enseignement, garderies[1], hôpitaux), j'entends toujours les mêmes réflexions: «Rire au travail, tu n'y penses pas, ce n'est pas sérieux!»

Rire **du** travail, non, ce n'est pas sérieux, mais rire **au** travail est d'une importance capitale. C'est ce que je vais essayer de vous démontrer. Les sceptiques seront confondus!

Le rire est facilement accepté dans la vie privée, à la maison, entre amis, mais au travail, il faut éviter de pouffer de rire, de se pâmer, parce qu'il n'y a pas de quoi rire. Alors attendez-vous, à partir de maintenant, à mourir de rire. C'est tout le mal que je vous souhaite.

La vie est difficile

Avec les mauvaises nouvelles dont nous sommes abreuvés quotidiennement, les coupures budgétaires, les mises à pied et les congédiements, comment peut-on rire? La société moderne nous incite à la modération en tout, ce qui ne facilite pas l'extériorisation de nos sentiments. Ainsi nous devenons de plus en plus sérieux et de moins en moins rieurs. Il est grand temps de vous payer un litre..., oh non! ce n'est pas assez, une tonne de rire aigu pour combattre cette maladie du sérieux.

---

1 En Europe: lire crèches ou jardins d'enfants.

Je vous suggère de vous injecter plusieurs fois par jour des doses de ce bon rire jusqu'à ce que vous en perdiez la raison et versiez dans une douce folie. Pensez à jeter vos seringues après usage, de peur de contaminer vos collègues de travail. Même si vous pensez que «plus on est de fous, plus on rit», je vous demande de ne pas entrer en transe trop rapidement. Si c'est le cas, diminuez les doses.

Rire et travail sont souvent dissociés. Dans notre culture, les gens qui rient au travail sont perçus comme des êtres déraisonnables, irresponsables, incompétents, non productifs. Les clichés, les tabous, les croyances erronées sont éloquents et ne manquent pas.

Le travail peut être un milieu de création, d'épanouissement, de joie, d'actualisation de soi ou bien source de stress, ennuyeux, démotivant. À vous de choisir. Intégrer le rire et l'humour à vos tâches professionnelles peut vous aider à transformer votre routine. Vous résistez à cette proposition? Vous refusez de changer vos habitudes? Pourtant vous êtes démotivé, vos relations interpersonnelles sont conflictuelles, vous êtes en pleine perturbation logistique. Les mises à pied, les pertes financières, les épuisements professionnels, les dépressions s'amplifient. Vous êtes devenu un véritable robot, une machine à produire. Vous ne voyez pas la lumière au bout du tunnel. Arrêtez-vous! Stoppez la machine humaine.

Responsables d'entreprises, c'est le temps de reconnaître que vous avez des problèmes, un personnel démoralisé, anxieux, inquiet. Il faut donc agir. Il est crucial de mettre en valeur l'aspect humain, au même titre que le profit et le pouvoir. Cessez de considérer les employés comme une marchandise. Il est primordial d'établir une relation saine entre employés et employeurs, de maintenir l'enthousiasme, de faire confiance à vos employés, de les encourager à grandir comme des êtres humains et non seulement comme des subordonnés.

Contrairement à la croyance populaire, les gens n'ont pas de meilleures performances lorsqu'ils sont guidés par l'esprit de compétition. Ils sont plus productifs lorsqu'ils collaborent, partagent un sentiment d'appartenance. L'anxiété créée par la compétition nuit à la performance. Les employés ont besoin de motivation, de faire partie d'une grande équipe.

Les besoins vitaux au travail

Chaque être humain a besoin de sécurité, de se sentir accepté des autres, de croire qu'il a quelque chose de valable à partager, de reconnaître qu'il peut effectuer des tâches valorisantes et d'avoir la reconnaissance dans son travail. C'est ainsi qu'il peut se valoriser.

Questions à se poser en tant que patron

1. Êtes-vous autoritaire, «tyrannique» ou empathique?
2. Intéressez-vous les employés aux décisions importantes?
3. Mettez-vous l'accent sur la productivité sans tenir compte des besoins des employés?
4. Communiquez-vous régulièrement avec eux pour partager la réussite de la compagnie?
5. Reconnaissez-vous les efforts de vos employés? Comment?
6. Êtes-vous à l'écoute de vos employés lorsqu'ils vous exposent leurs difficultés?
7. Êtes-vous rigide et très sérieux?
8. Êtes-vous flexible tout en étant ferme?

Questions à se poser en tant qu'employé

1. Êtes-vous passionné par votre travail?
2. Votre travail vous stimule-t-il, vous met-il en valeur?
3. Comment réagissez-vous en situation de stress?
4. Quel est votre niveau d'énergie en milieu de journée?
5. Prenez-vous le temps de vous relaxer au travail? Comment?
6. Quelle image votre employeur a-t-il de vous?
7. Pensez-vous vivre en harmonie avec vos collègues?
8. Que pensent de vous vos collègues?

Vivre positivement le changement par le rire

Le changement est un cycle naturel. Regardez autour de vous: la nature change, nous passons d'une saison à l'autre et chacune a sa propre couleur. L'ère du Verseau est une période de transition pour l'être humain. Nous vivons dans un monde en perpétuel changement: transformations physiques, psychologiques, morales, sociales. Nous changeons constamment d'état, de sentiment, de pensée. Nous changeons plusieurs fois d'idée dans une même journée, sans en être vraiment conscients.

Le changement nous incite à aller de l'avant. Lorsque nous sommes insatisfaits, nous décidons de changer notre méthode de travail, nos relations avec notre environnement, notre personnalité. Il y a une différence entre le changement que nous choisissons de faire et celui que nous subissons de l'extérieur.

Par exemple, lorsque votre patron parle de restructuration, comment réagissez-vous? Suivez-vous le mouvement en évaluant vos ressources et voyez-vous ce changement comme un nouveau défi, une stimulation ou bien comme un problème en vous laissant influencer par des expériences négatives antérieures?

Quelle attitude devriez-vous adopter?

- Premièrement, reconnaissez que tout changement crée un déséquilibre, une rupture par rapport au connu.
- Deuxièmement, observez le changement comme un moyen et non comme une fin en soi pour stimuler votre créativité.
- Troisièmement, reconnaissez que ce n'est pas seulement le changement qui vous déstabilise, mais votre résistance par rapport à celui-ci, parce que vous quittez la tranquille certitude dans laquelle vous viviez jusque-là.

Savoir changer, c'est assurer sa réussite. C'est accepter l'inattendu. C'est lâcher prise sur ce que nous savons faire. C'est vivre des moments d'inquiétude, bien sûr, d'insécurité, de culpabilité, de peur. C'est accepter de ressentir notre impuissance, notre vulnérabilité, d'être temporairement dans la pénombre, de ne pas être écouté, soutenu, aidé par les autres parce qu'ils se sentent désemparés en nous entendant manifester notre insatisfaction. Une sensation de vide s'installe alors et nous la ressentons dans tout notre corps.

Mais changer signifie aussi modifier quelque chose pour passer à autre chose de différent, que ce soit dans notre vie affective ou professionnelle. Dans certaines circonstances, des choix s'imposent à nous. C'est le moment idéal pour réveiller notre génie rieur et choisir notre vie en fonction d'une palette de couleurs, exaltantes, exubérantes et tonifiantes.

Jocelyn

Après avoir participé à une formation que je donnais dans une entreprise, Jocelyn, un cadre de 54 ans, très responsable, vient me consulter. Depuis un certain temps, il pense quitter son emploi, mais hésite à entreprendre des démarches en ce sens. Sa raison lui dicte ses pensées. Son mental résiste à cette idée de changement. Il évalue les pertes qu'il pourrait subir.

Dans le cadre de son travail actuel, il a de plus en plus de difficulté à prendre des décisions rapides face à son personnel. Il s'isole dans son bureau pendant de longues heures et refuse de parler de son problème avec ses collègues. Il ressent un épuisement chronique, une douleur au creux de l'estomac. Ses états d'âme fluctuent: il passe de la colère à la tristesse et à l'inertie. Il se sent désemparé et voudrait que je lui donne le remède miracle pour résoudre sa résistance au changement.

Nous avons examiné ensemble les raisons qui le poussaient à vouloir quitter son emploi, ce qu'il désirait conserver, ce qu'il désirait abandonner. Nous avons fait le bilan de ses valeurs, de ses désirs, de ses besoins, de ses intérêts. Nous avons évalué ses saboteurs et ses déclencheurs. J'ai constaté qu'il ne ressentait plus de plaisir dans son travail et, plus encore, qu'il s'interdisait d'en avoir. Le rire, le jeu et l'humour ne faisaient pas partie de ses valeurs.

Je lui ai demandé quelle serait son attitude devant un collègue qui lui exprimerait un problème similaire au sien. Aurait-il tendance à le critiquer, à le juger, à le blâmer? Surprise! J'ai été très étonnée de sa réponse. Mais que non! Il serait à son écoute et, pour le sortir de cette impasse, il lui proposerait d'aller se divertir. Tout n'était donc pas perdu.

Pendant toute la semaine qui a suivi notre rencontre, je lui ai interdit de porter attention à ses malaises et je l'ai enjoint à faire l'expérience du «comme si...».

C'est le genre d'exercice que nous devrions tous nous permettre de temps en temps, surtout lorsque des difficultés inattendues se présentent à nous.

L'expérience du «comme si...»

Partez à l'aventure, faites **comme si** c'était vrai, prenez le temps de rêver, d'imaginer, de jouer, de vous amuser, de créer intérieurement votre travail idéal. Faites **comme si** ce travail était réel. Vous vous voyez agir, vous avez du plaisir, vous vous bâtissez un nouvel avenir, sans limites, en vous amusant.

Après plusieurs séances de travail en ce sens, Jocelyn décida de conserver son emploi, mais de changer d'attitude en se réconciliant avec le côté joyeux en lui. Le conflit s'est résolu comme par magie en intégrant la dimension du plaisir. Il a pris conscience qu'il aurait pu éviter cette souffrance s'il avait accepté de faire ces changements, de les voir comme une redécouverte de son être intérieur, une délivrance des oppressions qu'il s'imposait en subissant sa routine. Le rire, le jeu lui firent prendre du recul et envisager des perspectives différentes.

Accepter de changer dans la joie, c'est éviter d'atrophier notre personnalité. En restant sous l'effet de nos saboteurs, nous

nous paralysons. Nous ne pouvons percevoir le changement comme une occasion idéale d'évoluer et de croître. Tout dépend de notre flexibilité et de notre détermination à vouloir vraiment changer.

Questions à se poser

1. Sous quel angle voyez-vous le changement?

2. Avez-vous une vision étroite de vous-même lorsque vous vivez le changement?

3. Au travail, choisissez-vous ou subissez-vous le changement?

4. Résistez-vous à l'idée de changer? Pourquoi?

Maintenant, dressez une liste de vos saboteurs et terminez les phrases suivantes:

Je suis incapable de... _____

Je panique quand... _____

Je m'inquiète de... _____

J'ai peur de... _____

Je vais perdre... _____

J'ai besoin de preuves quand... _____

Je refuse de souffrir... _____

Qu'est-ce que les autres vont penser si... _____

Je vais me faire détester si... _____

Je vais faire rire de moi si... _____

Continuez la liste.

_____

_____

_____

_____

Le jeu du contraire

Le jeu du contraire permet de sortir du rôle social dans lequel nous nous sommes cantonnés. Peut-être avez-vous besoin d'approbation extérieure pour prendre de nouveaux risques et retrouver l'estime de vous-même. Par le rire, nous pratiquons le jeu du contraire. Nous accédons à une facette cachée de notre personnalité puisqu'il met en lumière la partie sombre de nous-mêmes. Rire au travail, c'est transcender ses interdits, c'est découvrir le contraire de ses habitudes, c'est mettre en relief la relation entre le conscient et l'inconscient afin d'unir ces deux pôles.

Dans le cadre d'un atelier sur la gestion du plaisir, j'ai proposé cet exercice à un participant très timide. Je lui ai demandé de jouer le rôle d'une personne sérieuse, puis d'une personne souriante. Je vous suggère de faire la même expérience.

Exercice: Personne sérieuse vs personne souriante

Personne sérieuse	Personne souriante
• sourcils froncés	• sourcils relevés
• mâchoires contractées	• mâchoires décontractées
• lèvres pincées	• lèvres entrouvertes
• attitude maussade	• bâiller, soupirer en ayant une attitude joyeuse
• pieds prêts à écraser quelque chose	• pieds prêts à écraser quelque chose
• piétiner une situation dont vous désirez vous débarrasser, en gardant votre sérieux	• piétiner une situation dont vous désirez vous débarrasser, en riant

1. Laissez venir les images, les sensations, les sons.
2. Dessinez ce que vous avez ressenti dans les deux cas. Même si vous n'avez aucun talent, laissez-vous guider par votre intuition.
3. Jouez avec les mots, avec les sensations.

4. Sentez l'odeur de votre bureau. Servez-vous de votre imagination.

Ce passage du sérieux au comique provoque une réaction inattendue. Il permet de modifier la résistance au changement et l'état d'esprit. En jouant avec le langage, les images mentales et les pensées, vous allez réagir spontanément à l'absurde, au côté ridicule de la situation et éclater de rire. Le conflit entre le rationnel et l'irrationnel sera désormais résolu.

Après avoir tâtonné au début, le participant à qui j'avais demandé de faire cet exercice s'est pris au jeu. Il s'est laissé aller. Il s'est senti animé par le plaisir de rire, rempli d'énergie. Cet exercice visait à assouplir toute sa sensibilité, à stimuler son sens de l'humour. Il a appris à rire de lui-même, avec lui-même.

> *Nos doutes nous assaillent et nous font échouer,*
> *et nous ratons le but que nous pourrions atteindre*
> *par crainte seulement de ne l'atteindre point.*
> W. Shakespeare

Les réfractaires au rire

Amis lecteurs, mon objectif est de rendre vos techniques actuelles encore plus efficaces en y ajoutant la dimension du rire et de l'humour. Je vous propose la «responsabilisation», l'autonomie de l'être et je bannis l'accusation, la culpabilisation dans vos relations interpersonnelles pour vous réapproprier vos forces intérieures.

En gardant une attitude positive, vous vous verrez comme un gagnant et non comme une victime du système. Riez le plus souvent possible: vous serez entourés de gens joyeux et prendrez soin de conserver un moral à l'épreuve de tous les saboteurs intérieurs et extérieurs.

Les hypersérieux, les gens réfractaires au plaisir résistent souvent à cette formule. Ils méprisent l'approche humoristique et ont toujours de bonnes raisons pour se justifier. Leurs saboteurs sont enracinés en eux depuis l'enfance.

Ces êtres hypersérieux, réfractaires au plaisir, qui sont-ils? Des bourreaux de travail? Des perfectionnistes? Des pessimistes? Loin de moi l'idée d'offenser qui que ce soit par mes propos, je tiens simplement à démontrer la nécessité d'implanter un programme orienté sur l'humour et le rire comme technique antistress en milieu de travail. Qu'en pensez-vous? Un petit grain de folie pour émoustiller votre créativité et chatouiller votre intellect. Il est bien évident que lorsqu'on peut avoir du plaisir à vivre ensemble, entre collègues et employés, on peut travailler et créer dans l'harmonie. Cependant, la crise a engendré une société soumise à l'insécurité. Les travailleurs sont prêts à faire des heures supplémentaires sans rémunération pour conserver leur poste. Ils n'osent pas se plaindre, mais vivent beaucoup de ressentiment.

D'un autre côté, les entreprises prennent conscience que leurs employés ont besoin d'équilibre entre leur vie personnelle et professionnelle. Mais comment faire pour juxtaposer une vie joyeuse et une vie productive? Comment ne pas être un obsédé du travail lorsque la société ne valorise que celui qui est prêt à mettre les bouchées doubles et à passer de 10 à 12 heures au bureau, prisonnier de la performance, compétitif, exigeant envers lui-même et envers les autres? Il est récompensé pour ce qu'il fait, et non pour ce qu'il est. Par les éloges qu'il reçoit, il se sent reconnu et devient dépendant de son travail.

D'après un sondage réalisé auprès de 300 grandes et moyennes entreprises pour le compte de l'Association de gestion américaine et de l'Association des assureurs AGMA, les entreprises qui ont réduit leur personnel depuis 1990 ont enregistré une croissance des réclamations pour cause de maladie alors que les firmes qui ont conservé tous leurs employés n'ont connu aucune hausse de ce genre.

De plus, les employeurs qui ont éliminé des emplois ont connu un taux plus élevé d'absentéisme relié au stress, aux maladies cardiaques, à la dépendance aux drogues et à la maladie en général.

Ce sondage met aussi en relief le stress en milieu de travail occasionné par la restructuration. En voulant économiser de l'argent, ces compagnies coupent des postes et, en même temps, doivent payer plus cher pour des primes d'assurances.

Environ 38 % des entreprises qui ont supprimé des emplois entre 1990 et 1995 ont connu une augmentation des réclamations pour des maladies psychiatriques et des dépendances de toutes sortes (alcool, drogue, etc.), comparativement à 29 % des entreprises qui ont conservé leurs employés. Le même écart existe pour les réclamations reliées aux malaises cardiaques et à la haute tension.

> *Si vous ne regardez que ce qui est,*
> *vous ne pourrez jamais atteindre ce qui pourrait être.*

Ces maniaques du boulot recherchent à tout prix le pouvoir et le succès et combattent tout ce qui entrave leur besoin compulsif de réussir. Ils détestent les tâches répétitives et leur hantise est de n'avoir rien à faire, ce qui pour eux serait synonyme de perte de temps. Débordés par une surcharge de travail, leur compulsion peut leur coûter très cher. Ils ont des difficultés à établir des priorités et à déléguer. Ils oublient leurs responsabilités familiales parce qu'ils sont trop occupés, et deviennent des patrons tyranniques ou des employés qui blâment les autres pour ce qui leur arrive alors qu'ils sont les premiers responsables de leur malheur.

Résultat: épuisement et fatigue chronique prennent le dessus. Ajoutez à cela l'irritabilité, l'agressivité, l'insomnie, les maux de dos et d'estomac causés par une mauvaise gestion du stress. Quel beau cocktail pour la santé, n'est-ce pas? Un signal d'alarme s'est allumé, mais il n'a pas été perçu, car l'individu est absorbé par l'action. L'obsédé du travail ne prend pas le temps de savourer ses réussites. À peine a-t-il terminé une tâche qu'il pense déjà à entreprendre autre chose pour «avoir». Le plaisir est absent de sa vie, même s'il se vante d'être très heureux.

Abordez votre travail dans un état d'esprit joyeux «comme s'il» s'agissait d'un jeu et non d'une corvée. Retrouvez des méthodes d'évasion; référez-vous aux activités que vous aimiez dans le passé. Apprenez avec la complicité de vos collègues. Devenez moins rigide. Laissez tomber vos masques, vos saboteurs; ils interrompent votre évolution et nuisent à vos relations avec les autres. Éliminer l'anxiété et les inquiétudes, c'est accéder à des transformations intrinsèques et extrinsèques.

Les inquiétudes

Avec tous les événements négatifs que nous vivons, la vie se charge assez de nous inquiéter.

Les êtres humains ont cette faculté bien ancrée de s'inquiéter de tout et de rien. Plus souvent de rien d'ailleurs. Selon une recherche effectuée par Ernie J. Zelinski citée dans son livre *The Joy of Not Working,*

- 40 % des inquiétudes concernent des événements qui n'arriveront jamais;
- 30 % des inquiétudes concernent des événements qui se sont déjà produits;
- 22 % des inquiétudes concernent des sujets dérisoires, sans importance;
- 4 % des inquiétudes concernent des événements que nous ne pouvons changer;
- 4 % des inquiétudes concernent des événements sur lesquels nous pouvons avoir une influence.

Donc, 96 % de nos inquiétudes concernent des événements sur lesquels nous n'avons **aucun** pouvoir. Or, cette inquiétude que nous développons constamment a des répercussions physiques, émotionnelles et psychologiques. Il serait peut-être temps de réagir et de consacrer plus de temps à l'humour et au rire.

Questionnaire sur les inquiétudes

1. Qu'est-ce qui vous inquiète le plus?

_____

_____

2. Quelles sont les inquiétudes auxquelles vous avez à faire face en ce moment?

_____

_____

3. Sont-elles réelles, imaginaires, amplifiées ou dramatisées?

_____

_____

4. Quand avez-vous commencé à vous inquiéter?

_____

_____

5. Que pouvez-vous faire pour moins vous inquiéter?

_____

_____

6. Le fait de vous inquiéter change-t-il quelque chose au problème?

_____

_____

Ne crois pas que tu t'es trompé de route
quand tu n'es pas allé assez loin.
C. Adeline

Faire face au besoin d'être parfait

Travail et stress doivent être bien gérés pour éviter de prendre de mauvaises décisions, de perdre le moral et enfin de demeurer serein. Oser dire non à trop d'imprévus, savoir établir ses priorités, voilà quelques-unes des difficultés rencontrées par le perfectionniste, puisque son obsession est d'être parfait dans tout ce qu'il entreprend. Il va tout faire pour essayer d'atteindre cette perfection. Le perfectionniste se préoccupe des moindres détails et perd de vue l'ensemble des choses qu'il doit mener à terme. Il a le souci du travail bien fait, mais il pousse cette préoccupation jusqu'à l'exagération. Il est vigilant dans ses actions, redouble de prudence, analyse et vérifie tout à plusieurs reprises et a le désir de faire les choses comme il se doit, selon ses principes, ce qui laisse peu de place à la spontanéité. Il a un besoin excessif d'être à la hauteur. Cette minutie lui évite toute remarque de ses pairs, qu'il percevrait comme une catastrophe. Il est souvent sur la défensive. Personne ne peut le critiquer tant et aussi longtemps qu'il est parfait, mais il est néanmoins envahi par un profond sentiment d'insécurité et par la peur d'être jugé.

Ce comportement cache une estime de soi très négative et un besoin d'approbation extérieure, et dénote l'incapacité de reconnaître ses propres valeurs. Cette attitude engendre une surdose de stress.

S'il apprend à rire de son comportement excessif, le perfectionniste supprime immédiatement sa charge émotive. Par exemple, il peut utiliser le côté absurde des événements en les amplifiant. On ne peut qu'en rire! Ce chatouillement intellectuel permet de marquer une distance, puisque le rire provoque une synchronisation entre les deux hémisphères du cerveau et facilite la prise de décision. Celle-ci est alors acceptée autant au niveau logique qu'au niveau intuitif.

L'obsession de la perfection est mise en perspective et remplacée par l'acceptation d'être imparfait... et d'en rire. En apprenant à rire de soi d'abord. Les «pauses rire» vous aideront à réapprendre à rire de vous. Rire, c'est accepter de perdre temporairement cette maîtrise de la situation tant appréciée du perfectionniste, c'est s'accepter dans son imperfection, c'est dépasser ses saboteurs. C'est laisser aller son tyran intérieur et renforcer l'estime de soi.

L'individu prisonnier de son armure de perfectionniste doit apprendre à rire de ses travers même si «c'est difficile». Remède suggéré: ne rien prendre au tragique. Pour ce faire, je vous propose l'exercice *Pause-humour* et l'exercice *C'est difficile,* que vous trouverez également sur la cassette déjà citée. Vous verrez comme il est facile de rire de cette attitude, de lui dire au revoir et peut-être même adieu. Mieux vaut rire avec soi que de soi.

Exercice: Pause humour

1. Avant de vous mettre au lit, faites le bilan de votre journée. Allongé ou assis, faites quelques exercices de respiration et visualisez rapidement ce que vous avez vécu au cours de la journée sans vous attarder aux détails.

2. Concentrez-vous sur quelques détails sérieux, absurdes, stressants, frustrants, sans discrimination.

3. Revenez enfin sur un moment agréable, qui vous a rendu heureux. Observez bien où celui-ci se passe, avec qui. Voyez comme c'était drôle, amusant. Si vous ne vous souvenez pas d'un moment joyeux, inventez-en un, laissez aller votre enfant créateur et permettez à ce moment de s'imprimer dans l'hémisphère droit de votre cerveau, responsable de votre créativité.

4. Lentement, un sourire envahit vos lèvres, vos yeux, vos joues, vos épaules, vos fesses, votre cœur. Prenez conscience de ce qui se passe dans votre cœur, ce cœur qui sourit.

5. Levez-vous tranquillement et gardez ce sourire et votre bonne humeur.

Cette technique vous aidera à développer davantage votre joie, à apprécier les belles choses que vous recevez. Vous ressentirez le besoin de vous faire ce cadeau, de rire et d'être moins dépendant des autres pour vivre. Plutôt que de vous endormir avec la tension de ce qui a mal tourné durant la journée et de ce que vous avez à faire le lendemain, vous aurez l'occasion de passer une bonne nuit de sommeil et de repos.

Exercice: C'est difficile

Avec cet exercice, vous allez voir comme *C'est difficile...* de rire d'une situation. Vous allez faire l'expérience de la relaxation profonde, mais cette fois, par le rire, et découvrir la relation étroite qui existe entre le rire et l'acceptation.

Quand vous réussissez à accepter quelque chose ou quelqu'un, vous pouvez en rire ou rire en sa compagnie. Il est possible que le rire se transforme en pleurs ou en cris.

Pleurez jusqu'à ce que les pleurs cessent d'eux-mêmes, puis recommencez à rire.

1. Détendez-vous. Détendez votre corps et votre esprit par des respirations et pensez à une situation que vous trouvez difficile. Prenez le temps de bien la visualiser dans ses moindres détails. Pensez à une chose dont vous aimeriez apprendre à rire.

2. Entendez le message que cette situation vous fait vivre. Voyez-vous réagir à ce message. Ressentez-le dans tout votre corps.

3. Dites-vous mentalement: «C'est difficile...» Répétez trois fois, et prenez conscience de l'impact de ces mots au niveau physique et émotionnel.

4. Augmentez encore l'impact de l'exercice en utilisant toute votre énergie intérieure. Respirez par le ventre. Continuez à répéter: «C'est difficile...», «C'est difficile...», «C'est difficile...»

5. Décidez de l'exprimer autour de vous à voix haute. Mettez-y de l'ampleur en vous moquant de cette phrase: «C'est difficile...»,

«C'est difficile...», «C'est difficile...» Mettez-y de l'ironie. Riez de ces mots en éternuant. Utilisez un rire forcé jusqu'à ce que vous déclenchiez votre propre rire. Laissez la partie joyeuse qui est en vous s'exprimer. Abandonnez-vous. Riez aussi longtemps que vous le pourrez.

6. Peu à peu, reprenez contact avec l'énergie que vous ressentez en vous, dans toutes les parties de votre corps. Laissez-vous imprégner de la sensation de bien-être que vous ressentez après cette séance.

> *Un coeur joyeux équivaut à un bon médicament,*
> *tandis que l'amertume pourrit les os.*
> Proverbes 17-22

Faire un pied de nez au pessimisme

Actuellement, la sécurité d'emploi n'est plus garantie, même si tout le monde souhaiterait pouvoir en jouir. Cela fait partie du passé. Les règles du jeu ont changé. Est-ce un signe d'évolution?

Néanmoins, vous vous sentez impuissant devant ces changements perpétuels parce que vous pensez ne pas posséder les ressources nécessaires pour les affronter. Vous semez des pensées négatives et, au travail, le négativisme vous empêche d'accomplir la tâche qui vous est confiée en utilisant votre plein potentiel. Les inquiétudes vous assaillent. Vous pensez que vous ne pourrez pas changer, et ces pensées vous excluent de ce monde en voie de changement.

Un tel apitoiement sur vous-même peut devenir paralysant. Les pensées pessimistes affectent votre santé physique et mentale, et vous ôtent tout le plaisir que vous pourriez retirer de ces activités. En vous plaignant de votre sort, vous ne modifiez pas la réalité du moment. Vous faites table rase des personnes positives de votre entourage et vous risquez de sombrer dans la dépression.

Lorsque vous êtes négatif, questionnez votre système de valeurs. Avez-vous peur de l'avenir? Avez-vous une mésestime de vous-même? Un complexe d'infériorité? Manquez-vous de confiance en vous?

Sans confiance en soi, on n'aboutit à rien. Avec elle, on franchit tous les obstacles. On récolte ce que l'on a semé. Semez la confiance en vous, en votre savoir, en votre pouvoir, en votre être, vous recevrez la confiance d'autrui. Personne n'est immunisé contre le pessimisme, mais de grâce, métamorphosez ce négativisme en positivisme. Vous êtes seul responsable de votre existence.

Au travail, vous vous sentez peut-être entouré de collègues négatifs. Cette perception est-elle le reflet de la réalité? Reconnaissez au moins que vous n'avez aucun contrôle sur le comportement des autres, mais que vous en avez sur votre propre attitude. Le pessimiste a une conception erronée de la vie, comme s'il regardait à travers des lunettes noires, ce qui l'empêche de voir l'avenir positivement. Il manque de reconnaissance envers lui-même, se désillusionne, se remémore ses échecs et tous ses succès s'évanouissent. Il renonce à toute joie de vivre, s'isole, se renferme dans sa coquille. Il dépense une énergie incroyable en sautant d'une inquiétude à l'autre. Mais où sont donc l'humour et le rire dans une telle attitude?

Pour calmer cette agitation mentale, il devra apprendre à examiner ses sentiments, ses pensées et les remplacer par une pensée positive qui élargira ses horizons. En prenant position vis-à-vis des choses qui l'accablent, il saura les maîtriser plus facilement.

Soulignez vos réussites chaque fois que vous avez terminé une activité, et non les erreurs afin d'éviter de sombrer dans la perte de l'estime de soi.

Changez votre routine, faites place à la nouveauté. En arrivant au travail, dites bonjour avec un grand sourire. Mettez en pratique les techniques de respiration décrites ultérieurement. Ayez une vision globale de vous-même. Apprenez à verbaliser vos insatisfactions. Au réveil évacuez vos idées négatives en les remplaçant par des phrases positives. Par exemple, dites-vous: «Aujourd'hui, je vais avoir plus de plaisir dans mon travail et avec mes collègues» ou encore débarrassez-vous du négatif même si vous n'y croyez pas en appuyant, mentalement, sur un bouton imaginaire et en visualisant les mots: STOP-ARRÊT. Vous serez surpris du résultat, c'est une méthode efficace pour déjouer l'hémisphère gauche de votre cerveau.

> *La suprême récompense du travail*
> *n'est pas ce qu'il vous permet d'obtenir,*
> *mais ce qu'il vous permet de devenir.*
> A. Blanchard

Changer de milieu de travail ne suffit pas, car vos saboteurs du plaisir seront toujours vivants en vous. C'est d'abord votre maison intérieure qu'il vous faut réaménager en éliminant toutes les inquiétudes qui vous perturbent. Si vous désirez un nouveau poste, sachez d'abord pourquoi vous le voulez. En quoi ce travail sera-t-il plus avantageux pour vous? Si vous choisissez volontairement de rester en poste, assurez-vous de changer vos attitudes, d'être capable de gérer votre négativisme par des affirmations positives. Exemple: «Aujourd'hui, dans mon travail, je me fais plaisir», «Mon travail me donne de la joie», «Je m'accorde du temps pour rire.» Vos tâches vous paraîtront plus faciles à accomplir.

La plupart des gens subissent une situation jusqu'au moment où ils explosent et quittent leur emploi en colère, ce qui leur coûte très cher financièrement et psychologiquement. Dans le contexte actuel, il n'est pas sûr que le travail qu'ils trouveront leur sera plus favorable. C'est pourquoi il est primordial de neutraliser le négativisme.

Observez ce que vous pouvez gagner et non ce que vous avez perdu. Le perdant voit le changement comme une catastrophe, le gagnant voit le changement comme une réussite.

Suggestion
Faire le bilan de ce qu'on possède et non de ce qui nous manque.

- Des pensées confuses amènent une vie confuse.
- Des pensées déprimantes mènent à une existence déprimante.

- Des pensées malsaines rendent l'organisme malade.
- Des pensées craintives conduisent à la pauvreté.
- La vie ne te sourit pas? Devance-la et souris-lui.
- L'optimiste dirige ses pensées vers la réussite et la joie, perçoit le meilleur, affirme le côté ensoleillé de la vie dans tout ce qui lui arrive. Il surmonte les difficultés par un regard positif devant chaque situation.
- Semez des pensées constructives, semez la joie et vous récolterez le rire.
- Fixez-vous des buts à court terme.
- Accordez-vous la récompense que vous méritez une fois le but atteint.
- Forgez votre destinée en semant des pensées qui correspondent à ce que vous désirez être.

Le monde extérieur est le reflet de mon monde intérieur. Je sème des pensées constructives, je les nourris, je persévère, je suis déterminé à être un gagnant.

Chapitre 10

LE RIRE, ANTIDOTE AU STRESS

Se tourmenter pour ce que l'on n'a pas,
c'est gaspiller ce que l'on a.
K. Keyes

Quoi qu'on en pense, le stress est un phénomène positif. C'est ce qui nous motive à agir, à réagir, à nous surpasser.

C'est la surdose de stress qui est néfaste pour la santé. La difficulté à gérer son stress prédispose à la maladie tandis que trois minutes de rire l'élimine, stimule l'énergie, l'imagination. Le rire permet d'avoir une vue d'ensemble et une meilleure perception des événements stressants de la vie et de soi-même.

Évaluez vos éléments perturbateurs pour mieux vous adapter. Vos sources de stress viennent-elles de l'extérieur ou de l'intérieur? Par exemple, la peur de perdre votre emploi est une source extérieure comme le sont le congédiement de certains de vos collègues, les retraites anticipées imposées, la routine du travail, les pressions subies de la part de vos supérieurs, les changements radicaux des méthodes de travail, les embouteillages de la circulation que vous vivez matin et soir.

Par ailleurs, parmi les sources intérieures, on peut citer l'ennui ou l'isolement, le manque de temps, votre désir de vous recycler, d'être à votre compte, de changer de mode de vie, de déménager. Chaque fois, il faut en évaluer les avantages et les inconvénients, ce qui est cause de stress.

Vous constatez que trop de petits problèmes peuvent être dommageables, mais le manque de défis, de stimulation, l'inaction peuvent être aussi stressants que trop de travail quand ils déclenchent l'ennui. L'équilibre est suggéré. Oh! mais nous devenons très sérieux. Nous sommes très loin de la rigolade! Il est temps d'écouter vos déclencheurs intérieurs, vos idées déraisonnables pour équilibrer votre cerveau, aider le passage de l'hémisphère gauche à l'hémisphère droit par le rire autogéré ou structuré.

Pour vous aider à vous alléger la vie, à vous débarrasser du carcan dans lequel vous êtes, je vous suggère cet exercice.

Exercice: Vaincre le stress

1. Marchez quelques instants en prenant conscience de votre démarche, observez-vous. Avez-vous les épaules basses, les mains crispées, une respiration interrompue, les fesses serrées ? Comment voulez-vous vous relaxer dans cette attitude? La seule solution: changer de posture.

2. Relevez la tête, ouvrez très grands les yeux, regardez autour de vous, bombez le torse, accrochez un sourire à vos lèvres, respirez profondément et observez les différences. Respirez d'une façon saccadée, riez intérieurement, sans sons, vous allez sûrement déclencher votre rire.

Si vous désirez être encore plus stressé, courez plus vite, accélérez votre course effrénée. Vous savez après quoi vous courez, n'est-ce pas? La fatigue, la maladie, le mal de vivre! Continuez jusqu'à épuisement total, vous êtes dans la bonne direction!

Les techniques du rire, que celui-ci soit forcé, structuré ou autogéré, sont utilisées pour entrer en contact avec votre propre rire spontané dans le but de vous relaxer, de vous détendre, d'oxygéner votre organisme, de stimuler votre créativité et de changer la perception des situations qui causent ce stress intense.

Faites-vous du bien; ne comptez pas sur les autres pour vivre heureux. Soyez indulgent, sinon vous allez devenir aussi sec qu'un piment au soleil!

Peut-être qu'un peu de souplesse, de flexibilité devant le changement vous ferait du bien, de là l'importance de développer les deux hémisphères du cerveau. Le meilleur moyen de s'adapter au changement est d'observer les deux revers de la médaille.

Activez les deux hémisphères de votre cerveau

Vous désirez changer une situation? Définissez-la. Par exemple: vous voulez terminer un travail avant 14 h cet après-midi. Qu'est-ce qui vous empêcherait de le faire: rêvasser, parler au téléphone, perdre votre temps avec des collègues, écouter votre voix intérieure qui vous dit que vous n'y arriverez pas? Comment pouvez-vous évincer ces saboteurs? Identifiez ceux qui dépendent de vous et ceux qui viennent des autres.

FLEXIBILITÉ Les déclencheurs de motivation	RIGIDITÉ Les saboteurs de motivation
• Je désire collaborer avec mes collègues.	• J'ai peur de parler à mes collègues.
• J'affiche mes différences dans les réunions.	• Je n'ose jamais m'afficher.
• J'ai confiance en mes capacités.	• J'ai peur de ne pas être à la hauteur.
• Je ressens un profond sentiment de réussite.	• J'ai souvent l'impression d'échouer.
• J'apprécie mon esprit d'initiative.	• Je n'arrive pas à prendre une décision.
• J'accepte que les autres soient en désaccord avec mes idées.	• Je n'accepte pas que les autres soient en désaccord avec moi.
• J'aime faire des blagues.	• Je me sens ridicule.

Trouvez vos propres phrases et placez-les dans les déclencheurs ou les saboteurs.

_____   _____

_____   _____

_____   _____

_____   _____

Chapitre 11

L'HUMOUR AU TRAVAIL

L'univers étant probablement une immense blague cosmique,
pourquoi prendre tout sérieusement?

J'aime mon travail, il me fascine,
je peux m'asseoir et l'admirer pendant des heures.
Jerome K. Jerome

L'humour au travail déclenche le rire. Il peut être une arme offensive ou défensive. Il peut réconforter ou blesser quelqu'un. Il peut libérer ou humilier. Bref, il peut construire ou détruire. Cette définition peut porter à réfléchir sur notre propre sens de l'humour. Est-il orienté vers l'ironie, le plaisir de rendre ridicule, la moquerie, ou bien est-il au service du mieux-être de l'humanité?

Je veux parler de l'humour sain et fonctionnel au travail. Nous pouvons changer la perception d'une situation qui nous semble négative de prime abord en adoptant une attitude plus positive. L'humour crée une diversion et permet à l'esprit d'être plus réceptif à l'inattendu lors de périodes de bouleversement.

Vous apprécierez le plaisir qu'engendre l'humour. C'est un moyen de stimuler l'imagination, d'améliorer le climat de travail, de surmonter la routine quotidienne. Accueillez ce qui vous arrive comme un cadeau de la vie et non comme une catastrophe.

De plus en plus d'entreprises reconnaissent les vertus curatives de l'humour et l'adoptent au travail. Les directeurs du personnel recherchent des employés qui manifestent un bon sens de l'humour, ce qui leur permet d'effectuer soigneusement leurs tâches sans trop se prendre au sérieux.

À notre époque, où les changements sont si soudains, nous avons à adopter de nouvelles formes de pensée. Une étude réalisée par John A. et Virginia Jones, de la Communications Management Association de Chicago, auprès de 46 cadres d'entreprises, hommes et femmes, et de 126 femmes secrétaires démontrent que 96 % de ces dernières font preuve d'humour dans leur travail et qu'elles se sentent bien dans leur peau, alors que 10 % seulement des cadres y ont recours. Ces statistiques tendent à prouver que les cadres qui ont le sens de l'humour créent un meilleur climat de travail, un esprit d'équipe, un lien d'appartenance privilégié.

Comment créer un humour sain au travail? Racontez des blagues sans offenser qui que ce soit. Évitez les taquineries à caractère sexiste, raciste ou personnel. Faites allusion à des situations générales du milieu de travail plutôt qu'à des cas particuliers. Cessez de vous déprécier ou de vous rabaisser aux yeux des autres par le biais de vos plaisanteries. On pourrait penser qu'elles comportent une dose de vérité, aussi farfelues qu'elles puissent être. Détendez l'atmosphère en faisant référence à vos propres erreurs et en les amplifiant.

Rappelez-vous que l'humour ne doit jamais dénigrer ni patrons, ni collègues, ni employés. Il doit être constructif et développer une vision humoristique des situations et de vous-même.

L'humour toxique

*On rit mal des autres
quand on ne sait pas d'abord rire de soi-même.*
P. Léautaud

Pour illustrer ce qu'est l'humour toxique, voici quelques exemples de ce qui se passe souvent au travail. Le responsable de cette toxicité n'est pas toujours conscient des répercussions qu'il entraîne.

L'humour mal géré est un outil dangereux, car une plaisanterie peut être bien perçue par un individu et paraître déplacée à un autre. C'est le cas de l'humour stéréotypé à tendance sexiste, raciste, alors que le groupe visé devient un bouc émissaire. Le responsable cherche à afficher sa supériorité, mais son humour n'incite qu'à la vengeance et à la violence.

L'humour cynique utilisé pour régler des conflits de personnalité liés à la colère, ou au ressentiment, sert à masquer la réalité. L'individu est incapable de composer avec ses émotions et l'humour lui sert d'arme offensive. En attaquant, il ne ressent pas sa vulnérabilité. Cette attitude dangereuse provoque une scission entre les individus, et le problème n'est pas résolu.

L'humour dirigé contre les employeurs, les cadres, les supérieurs au sein d'une entreprise pour transgresser les normes établies masque une attitude défensive et hostile. Je préconise plutôt la communication.

L'humour toxique qui cherche à détendre l'atmosphère et à mettre en évidence les relations difficiles entre les employés et qui n'a d'autre but que de se libérer du stress favorise la démotivation, la maladie, la résistance au changement, tout en polluant le climat de travail.

Dernièrement, lors d'une intervention dans une entreprise, les gestionnaires m'ont exposé leurs problèmes internes qui ressemblaient à ceux que je viens d'exposer. Les blagues prétendument drôles ne l'étaient plus du tout et étaient responsables des relations dysfonctionnelles entre employés. Lorsqu'une partie de ceux-ci refusaient de cautionner ces plaisanteries, ils étaient ridiculisés sous prétexte qu'ils n'avaient pas le sens de l'humour. Ils devenaient les victimes d'un humour toxique et ne pouvaient se défendre sans être automatiquement étiquetés.

Au cours d'un atelier, nous avons travaillé sur cette habitude de se servir de l'humour toxique pour fuir ses sentiments. Cette réflexion a amené les employés à opter pour une façon plus saine de verbaliser les messages non dits. Maintenant, lorsqu'ils rient, ils savent qu'ils partagent un moment intime d'une grande intensité; ils tissent des liens plus réels et il s'installe un sentiment d'appartenance et d'identité amplifié par le plaisir de faire partie de la même équipe.

Retenez que les blagues doivent être appropriées. Rire **avec** ses collègues favorise le respect mutuel, la cohésion, la collaboration, la créativité et le bien-être. Rire **de** ses collègues entraîne l'irrespect, la division, la frustration et le mal-être.

Faites en sorte que l'humour serve à créer et à maintenir un sain climat de travail afin d'améliorer l'expansion de l'entreprise et la qualité de vie du personnel.

Chapitre 12

RIRE ET ÉDUCATION

Ce n'est pas parce que les choses sont difficiles que nous n'osons pas,
mais parce que nous n'osons pas qu'elles deviennent difficiles.

Comment ne pas rendre hommage à deux institutions qui me tiennent à cœur: les garderies et les écoles? La complicité que j'ai créée avec les travailleurs et les travailleuses de ces secteurs m'a donné des ailes et le courage de continuer mon enseignement. Ces professionnels audacieux ont osé innover en intégrant des séances de rire dans leur milieu de travail, pour leur propre bien-être et pour celui des enfants. Ils ont tous un objectif commun: les rendre heureux, et ils font donc du rire et de l'humour des outils d'éducation sans minimiser pour autant les objectifs pédagogiques. Ils sont convaincus des effets thérapeutiques du rire parce qu'ils l'utilisent pour eux-mêmes et avec les enfants de tout âge.

Les parents sont les premiers éducateurs, comme je l'ai souligné au chapitre sur la famille. Ils ensemencent leurs idées, leurs valeurs, leur façon d'être et surveillent le développement de leur progéniture. Les fondements se font donc à la maison. Ensuite, c'est le rôle de la garderie et de l'école de prendre la relève et de continuer à équiper adéquatement ces enfants pour la vie.

Le rire à la garderie

En service de garde, l'enfant apprend à s'organiser dans son environnement, à développer sa pensée cognitive et sa motricité par différentes techniques, en fonction de ses besoins, de ses capacités et de son âge. Grâce au jeu, par le biais des jouets, il apprend à se mouvoir dans l'espace. Il découvre le sens du partage et la notion du bien et du mal. Le jeu l'aide à créer sa réalité, à intégrer son corps, à se dépasser. Lorsqu'il joue, il développe sa créativité, il vit la joie du moment présent. Le jeu le prépare donc à la phase d'adulte.

En l'observant, l'éducatrice[1] découvre la personnalité de l'enfant. Celui-ci établit ses limites, ses besoins, il affiche son caractère, son affectivité. Souvent, le jeu sert à compenser une carence affective. L'enfant peut se confier à son ours en peluche ou à sa poupée. À l'occasion, il se confiera aussi à l'éducatrice en qui il a confiance. Il a besoin d'être sécurisé lorsqu'il exprime ses émotions.

En tant qu'adulte, nous enseignons souvent à nos enfants à exprimer leurs émotions, mais il ne faut pas que cela vienne déranger les autres. Nous sommes désemparés devant un enfant qui affiche sa colère. Le refoulement émotionnel qu'on lui impose alors bloque son énergie et des tensions corporelles s'accumulent. L'enfant peut tomber malade, ou encore se libérer en frappant sur un jouet ou sur un autre enfant. Bien souvent, nous serons démunis devant un tel comportement et nous réprimanderons l'enfant sans savoir exactement ce qui s'est passé.

L'exemple suivant m'est souvent rapporté par des éducatrices.

> Un enfant joue seul dans un coin; il est calme. Soudain, il traverse la pièce, muni d'un jouet, et frappe sur un autre enfant au passage. Il n'y a aucune raison apparente pour qu'il agisse ainsi, mais comme il n'a pas le vocabulaire nécessaire pour exprimer ce qu'il ressent, il s'exprime par la violence. S'il est important de mettre un frein à celle-ci, il est aussi important de comprendre la raison d'une telle attitude. C'est ici que la séance de rire est utile afin qu'il puisse décharger son agressivité. Des exercices de défoulement lui sont suggérés de façon à relâcher ses tensions musculaires et à lui faire retrouver un bon équilibre.

---

1. Je ne veux choquer personne en parlant des éducatrices. Vous aurez sans doute remarqué comme moi que ce sont surtout des femmes qui travaillent dans ce milieu et ce sont elles que j'ai surtout rencontrées au cours de mes nombreux ateliers sur le rire thérapeutique.

En faisant régulièrement des séances de rire, les éducatrices ont constaté une amélioration dans le comportement des tout-petits.

Les enfants d'âge scolaire, lorsqu'ils arrivent au service de garde après l'école, sont fatigués, turbulents, impulsifs et même agressifs. Par le rire, ils évacuent sainement ce trop-plein d'énergie plutôt que de le faire au détriment des autres, et ils retrouvent un bien-être physique. Ils sont mieux disposés pour répondre aux exigences des éducatrices et des parents lorsqu'ils reviennent à la maison. Ils sont aussi mieux préparés à une bonne nuit de sommeil.

De plus, ils sont très reconnaissants envers leurs éducatrices qui, elles, se voient récompensées par leurs compliments et leurs marques d'affection.

Les phases du rire et de l'humour de la naissance à 12 ans

De la naissance à 18 mois
Le sourire et le rire sont les meilleurs moyens pour l'enfant qui ne parle pas encore de communiquer avec son entourage.

Dès l'âge de deux mois, le bébé commence à sourire à ses parents et exprime ainsi le message suivant: «Je te vois et je sais que tu es quelqu'un de spécial pour moi.» Vous lui retournez le compliment en essayant, par toutes sortes de moyens, de le faire rire.

Au cours des six premiers mois de sa vie, le bébé réagit favorablement aux chatouillements et vous pouvez évaluer ses réactions.

De 6 à 12 mois, il aime que vous le surpreniez en vous traînant comme un bébé, en parlant avec une voix très aiguë ou en faisant des grimaces.

De 12 à 18 mois, vous pouvez jouer avec lui en vous cachant pendant un instant, puis en réapparaissant pour lui apprendre à maîtriser sa peur en votre absence.

Avant 6 mois, un bébé vous fait savoir qu'il en a assez de jouer en détournant la tête. Plus âgé, il arrête de rire et se met à pleurer.

De 18 mois à 3 ans
À cette période de sa vie, l'enfant commence à imaginer lui-même des trucs pour vous faire rire. S'il y réussit, il recommencera encore et encore. C'est une façon de s'affirmer et de s'amuser.

Vous pouvez utiliser l'humour pour lui éviter de paniquer lors de moments stressants.

De 3 ans à 6 ans
L'enfant est à une période de sa vie où il peut comprendre certaines devinettes faciles qui correspondent au développement de son langage. Encouragez-le à vous raconter ses histoires préférées.

De 6 à 9 ans
Il est important de partager avec son enfant les déceptions qu'il a pu connaître, par exemple à l'école. Mais il faut lui apprendre aussi à les replacer dans une juste perspective en apprenant à en rire.

Montrez-lui que vous êtes capable de rire de vous-même.

L'enfant peut commencer à comprendre les blagues à double sens puisqu'il a un vocabulaire plus développé.

De 9 à 12 ans
L'enfant peut se rendre compte que certaines blagues sont drôles et que d'autres sont déplacées. Il peut comprendre ce qu'est le racisme, le sexisme, et vous devez lui apprendre quelles sont vos propres limites sur ces sujets.

Il peut comprendre aussi que certaines paroles peuvent blesser les autres.

Tiré du magazine américain Child, *août 1995.*

Quand utiliser le rire?

Choisissez le moment le plus approprié pour chaque groupe d'âge. Même si vous avez planifié d'autres activités, ayez un horaire assez flexible pour pouvoir intégrer une période de rire d'une durée de trois à cinq minutes. Ce peut être avant le repas de midi, avant la sieste, à la fin de l'après-midi ou à tout autre moment où vous constatez que la tension monte dans le groupe.

En cercle, chaque enfant exprime un son de rire (HO! HO! HA! HA! HI! HI!) jusqu'à ce que tous les enfants rient. (Voir les exercices «Le chatouillement en famille» et «Le bedon qui rit» dans le chapitre sur la famille.)

Le rire à l'école

Il est facile d'obtenir tout ce que vous désirez
pourvu que vous commenciez à apprendre à vous passer
de ce que vous ne pouvez obtenir.
A. Hublard

L'école n'est-elle pas un lieu d'épanouissement et d'apprentissage pour les jeunes? Quelle meilleure ressource que le rire pour assimiler aisément les matières académiques? L'enseignant qui sait faire rire ses élèves s'assure une meilleure écoute. Les élèves développent une plus grande confiance en eux, et se responsabilisent davantage.

Hélas!, nos écoles sont souvent déshumanisées. La compétition a remplacé la créativité, et il reste peu d'espace pour explorer l'imagination, l'intuition, les émotions. Tout tourne autour de la réussite. L'enfant doit obtenir de bons résultats scolaires, coûte que coûte, et nous sommes surpris qu'il déteste l'école ou qu'il décroche complètement avant d'avoir terminé ses études secondaires.

En éducation spécialisée, l'anxiété et les tensions sont encore plus évidentes, car l'entourage est très exigeant envers les élèves.

Avec le concours d'un directeur, je suis intervenue auprès d'un groupe d'élèves anglophones du primaire en immersion française. Ces enfants subissaient de fortes pressions. Ils se sentaient à la fois privilégiés de se trouver là et rejetés par les autres élèves. L'hostilité commençait souvent par des insultes et dégénérait en bagarre. Nous avons mis un programme sur pied pour remédier à la situation. L'expérience s'est révélée une réussite pour les élèves, les professeurs, la direction et moi-même.

L'expression ludique a permis aux élèves d'exclure la violence physique et verbale, de mieux gérer leur stress quotidien parce qu'ils avaient les outils appropriés, d'agir et non de «ré-agir». Ce sont des cas particuliers, me direz-vous, mais avant d'avancer des théories, il faut bien faire des expériences. Qu'en pensez-vous?

En début d'année, le rire est une méthode indispensable pour éliminer la timidité et l'angoisse de l'inconnu. Il facilite la cohésion, la collaboration professeurs-élèves. Lorsque les enfants commencent une nouvelle année, ils doivent composer avec beaucoup d'éléments auxquels ils ne sont pas habitués, de là la nécessité pour l'enseignant d'utiliser des techniques de rire. En agissant ainsi, le professeur permet aux élèves d'évacuer les tensions et, par conséquent, favorise un meilleur climat d'apprentissage.

Le système scolaire n'est pas toujours réceptif à ce type de proposition. Les professeurs ont peur de perdre le contrôle de leur classe et que les séances de rire ne tournent à la foire ou en partie de rigolade interminable. Au contraire, c'est lorsque les enfants sont submergés par le stress qu'ils n'ont plus l'esprit à emmagasiner la matière et que les enseignants perdent la maîtrise de la situation. Après une séance de rire, les enfants sont mieux disposés à écouter, à apprendre.

Je rêve du jour où le rire et l'humour seront des options[1] que les jeunes pourront choisir, au même titre que la

1. Une option est une matière facultative choisie par l'élève dans le cadre d'activités scolaires ou parascolaires.

danse, le théâtre ou la musique, afin qu'ils deviennent plus conscients de leurs émotions en développant leur sensibilité, leur côté clownesque et qu'ils puissent se différencier des autres tout en les respectant.

Ne pensez pas au plaisir que vous aurez demain,
mais à celui que vous pouvez avoir aujourd'hui.

Comment travailler avec l'humour dans les écoles?

Avoir le sens de l'humour ne signifie pas rire de tout et de rien. C'est avant tout une attitude, une façon de percevoir le côté ludique de notre environnement, de trouver des occasions de rire. Plus que d'être un bon raconteur de blagues ou un humoriste.

La façon dont vous percevez la vie contribue à développer votre sens de l'humour. Comme me le disait un professeur: «Aussi longtemps que mon sens de l'humour demeure intact et sain, personne n'est blessé.»

Enseigner l'humour en classe, ce n'est pas une blague! Les étudiants pourraient alors faire la différence entre un humour sain et un humour toxique, ce qui fait partie de la notion de respect de soi et des autres. Ils apprendraient à rire d'eux-mêmes, à développer une plus grande estime d'eux, et leur professeur leur servirait de miroir en riant de ses propres imperfections.

Le jeune, cet apprenti de la vie, a le droit de faire des erreurs, et l'humour l'aidera à accepter celles-ci plus facilement, à les dédramatiser. Imaginez comment vous vous sentez quand vous racontez une anecdote qui vous est arrivée et que les autres rient avec vous. Ce sentiment est indescriptible. C'est ce qu'éprouve le jeune lorsqu'il vit ce type d'expérience. Il se sent fort, joyeux, heureux, stimulé, prêt à recommencer. La clé du succès est de chercher les situations drôles parmi les événements de la journée et de les transmettre aux étudiants pour alléger le côté dramatique, de créer des stratégies humoristiques pendant les moments de stress intense.

Je connais un professeur qui, lorsque sa classe est indisciplinée, se tourne vers le tableau et s'adresse à celui-ci en disant: «Tu es respectueux, toi, au moins tu m'écoutes et je t'en remercie.» Le silence s'installe d'abord, puis c'est l'éclat de rire général. Il est plus facile après ce petit jeu de s'expliquer et d'énoncer ses attentes réciproques. Ce professeur a prouvé ainsi qu'il n'avait pas peur d'être ridicule devant sa classe.

L'humour chez les adolescents

À la suite d'un événement tragique (séparation, divorce, départ d'un ami, etc.), la sécurité physique et psychologique d'un adolescent est ébranlée. L'équilibre est rompu. Il avait tenu pour acquis que la présence des personnes qui l'entourent était indispensable à son bon état de fonctionnement.

Trop souvent, il aura tendance à faire de l'humour noir pour mieux supporter sa souffrance. L'humour lui sert d'exutoire. Cette pulsion intérieure a besoin d'être évacuée et il le fait au moyen de l'humour toxique.

Il est important pour les professeurs de ne pas considérer cette réaction comme un signe de provocation, mais plutôt comme un signal de détresse ou de stress. Même si vous n'appréciez pas cette forme d'humour, évitez l'hostilité, invitez l'élève à partager son malaise pour contrecarrer la violence.

L'humour est également utilisé par les adolescents pour éviter les conflits, la haine, les désillusions, et même pour manifester leur affection. L'humour désamorce les bombes à retardement qui peuvent exploser à n'importe quel moment, quand on s'y attend le moins.

Suggestions
- Soulignez les réussites, et non seulement les erreurs, afin d'éviter que les jeunes perdent leur estime de soi.
- Apprenez à rire de vous en utilisant l'humour sain.
- Souriez plusieurs fois par jour lorsque vous êtes en présence des élèves ou de vos collègues.

- Écrivez une pensée humoristique au tableau avant de commencer vos cours.
- Organisez un concours de blagues non sarcastiques.
- Avant un examen, organisez une séance de rire.

Chapitre 13

VIVRE SES ÉMOTIONS

Lorsque nous nous laissons aller dans nos émotions,
la terre se métamorphose.
R. W. Emerson

Pouvez-vous exprimer vos émotions dans votre vie sociale de la même manière que dans votre vie personnelle? Que risque-t-il d'arriver si vous retenez votre colère lorsque vous êtes au travail? Va-t-elle dégénérer en violence dans votre vie privée ou se transformer, comme nous l'avons vu, en humour toxique?

Il est donc important de prendre conscience de ses émotions avant qu'elles ne dégénèrent en conflits interpersonnels. Certaines personnes ont un vocabulaire émotionnel limité, et lorsqu'on leur demande: «Comment ça va?», leur réponse est banale et se résume à peu près à ceci: «Pas mal; ça ira mieux demain; je ne sais pas; bof; c'est toujours pareil», tout simplement parce qu'ils n'ont pas appris à identifier leurs émotions.

Que signifie exprimer sa colère au travail? C'est autant la dominer que s'y abandonner. C'est une question d'équilibre. Selon notre vécu, nos valeurs et notre histoire personnelle, ce peut être un signe de force ou de faiblesse.

Nous ressentons de la colère lorsque quelqu'un empiète sur notre territoire, porte atteinte à notre intégrité ou manifeste de la rivalité. La colère est une émotion comme une autre qui, contrôlée, reste profondément inscrite en nous. Elle bloque l'émotivité, l'amour, la tendresse et la joie.

Au travail, on se méfie de la colère, car elle est considérée comme asociale et dangereuse; mais lorsqu'elle est refoulée, elle donne naissance à des frustrations qui devront, à un moment ou à un autre, être exprimées sous n'importe quel prétexte. Ce pourrait bien être la famille qui en fasse les frais, mais elle pourrait aussi être dissimulée plus profondément encore par le recours à l'alcool ou à une autre forme de dépendance.

Il est important d'exprimer sa colère au travail quand on la ressent. Dites ce que vous avez à dire à l'individu concerné avec fermeté sans avoir recours à la violence physique ou verbale.

Ne pas confondre colère et violence

La colère est souvent accompagnée du désir de frapper, de blesser quelqu'un ou de détruire quelque chose. Ce n'est pas la solution.

Je vous propose plutôt le rire, qui est un moyen efficace de lutter contre la violence. Il permet de faire la distinction entre un comportement positif et un comportement négatif.

Nous savons par expérience que nous pouvons commencer à rire, et que ce rire peut se transformer en pleurs. En provoquant le rire, il est possible de se défouler et d'éliminer sa colère et sa violence.

Comment riez-vous?

Chaque jour, que ce soit pour masquer ou camoufler un malaise, ou encore pour manifester une émotion, nous utilisons différents types de rire. En voici quelques-uns.

Le rire timide

Ce rire peut être utilisé pour masquer un inconfort, ou pour éviter de réagir à un compliment. Il peut aussi servir à exprimer une agressivité passive.

Le gros rire

Il peut être employé pour soulager un stress trop intense ou pour relâcher des tensions physiques. Il peut aussi cacher un complexe d'infériorité. Cependant, après une séance de rire de trois à cinq minutes, une personne peut soudainement voir des pleurs surgir avec la même intensité que lorsqu'elle riait. Les rires et les pleurs sont interreliés.

Le rire saccadé

Utilisé pour ne pas terminer ses phrases, il peut cacher une colère ou une façon d'éviter l'affrontement.

Le rire jaune

Entre le rire et les pleurs, il peut camoufler une grande tristesse et une résistance souvent inconsciente aux larmes. Ce rire nerveux peut servir à masquer des peurs: peur d'être jugé, ridiculisé, rejeté. En thérapie, une personne peut parler d'un problème en riant jaune afin de dissimuler ses malaises et ses émotions.

Il n'existe pas qu'une seule façon d'exprimer ses émotions. L'important, c'est de les exprimer au meilleur moment.

Par exemple, au travail, vous ressentez un fou rire, mais vous comprenez qu'il serait déraisonnable de vous laissez aller dans cet élan. Prenez-en conscience et mettez-le de côté jusqu'à ce que vous soyez capable d'extérioriser cette émotion. Il en va de même pour la colère ou la peine. Lorsqu'il est impossible de vivre ses émotions dans le moment présent parce que l'endroit ne nous le permet pas, dites-vous: «O.K., je ressens telle émotion; dès que je vais me sentir en confiance, je vais la laisser sortir.» Ce peut être dans la voiture, à la maison. Choisissez ce qui est bon pour vous. Vous allez penser: «C'est bien beau, mais l'événement est passé et je ne ressens plus ce besoin.» Revisualisez la situation, revoyez-en tous les détails et ressentez l'émotion refaire surface, acceptez-la, accueillez-la, négociez avec votre mental en vous disant: «Je me défoule, je me laisse aller temporairement dans ma folie douce.»

Voici une autre méthode que je mime souvent lors de mes conférences. Isolez-vous dans un lieu où vous pouvez être seul, dans les toilettes, par exemple, et déclenchez votre rire. Je sais bien que dans un endroit public vous pourriez passer pour un fou en riant ainsi sans raison apparente. Par contre, vous pourriez bien déclencher le rire chez les autres sans qu'il soit nécessaire pour eux de comprendre ce qui se passe. Ou encore, vous pouvez rire intérieurement.

Pour exprimer votre colère, faites des gestes «comme si» vous vous défouliez sur quelque chose. Vous pouvez faire des grimaces en faisant bouger tous vos muscles zygomatiques.

Il suffit de se placer en situation de jeu, de faire «comme si». Pas «comme si» vous n'étiez pas fâché, mais «comme si» vous l'étiez.

Après ces exercices, vous ressentirez une libération dans tout votre corps, qui sera prêt à fonctionner de nouveau, et vous éviterez de tomber malade.

Pensez-y! Faites «comme si» vous vouliez rire. Riez, juste pour le plaisir de rire, et vous préserverez votre santé physique et mentale. Faites quelque chose en dehors des normes qui nous sont imposées par la société, transgressez vos saboteurs et recherchez, par le jeu, les déclencheurs de votre rire.

Un fou qui sait qu'il est fou est moins fou qu'un fou qui s'ignore.

Nous devons être plus conscients de la gamme d'émotions que nous vivons au quotidien pour mieux les identifier, les différencier, les ressentir et les exprimer de manière appropriée. Angoisse, frustrations, agressivité, haine, peurs, colère, etc. peuvent être des éléments motivateurs pour nous aider à passer à l'action et nous responsabiliser, c'est-à-dire nous permettre de régler une situation inachevée, terminer un travail plus rapidement, prendre notre place pour nous affirmer dans notre milieu familial, avec fermeté et non par la violence.

Une personne entêtée, orgueilleuse, qui veut toujours avoir raison, deviendra facilement agressive devant quelqu'un qui lui tient tête. Accepter ce trait de caractère demande du courage et de la confiance en soi. Cette personne doit être capable d'exprimer sa colère pour partager, par la suite, l'affection et la tendresse. Ce sont les deux côtés d'une même réalité.

Le rire peut permettre de voir les choses sous un angle différent, d'être plus flexible, plus conscient de son entêtement, plus conciliant avec les autres, de lâcher prise, d'accepter les avis divergents. Le rire dissout les sentiments de rage et de violence, libère des expériences vécues traumatisantes, transmute le désagréable des événements. La joie intérieure rejaillit, irradie tout l'être et inonde l'entourage.

La bonne santé s'installe de nouveau dans le corps et l'esprit, et on ressent alors une profonde énergie.

Vivre ses émotions par le rire et l'humour sain, c'est comme faire le ménage de son logis. On se débarrasse de tout ce qui devient inutile (amertume, ressentiment, rage, tristesse, culpabilité, etc.). On remplace les vieilles structures mentales rigides par la joie, l'amour et la paix.

Je vous suggère de pratiquer régulièrement les techniques de respiration qui suivent pour vous aider à vous libérer de vos émotions ou pour mieux contrôler vos actes de violence.

Vous ferez preuve d'amour envers la personne la plus importante: vous-même!

Exercice: Respiration pour déclencher le rire

1. Respiration buccale
   a) Inspirez par la bouche en comptant jusqu'à 4.
   b) Maintenez l'inspiration quelques secondes.
   c) Expirez par la bouche en sifflant.
Reprenez l'exercice plusieurs fois, mais expirez d'une façon saccadée en comptant jusqu'à 7.

2. Respiration nasale
   a) Inspirez par le nez.
   b) Maintenez l'inspiration quelques secondes.
   c) Expirez par le nez par à-coups.
Reprenez l'exercice plusieurs fois, mais expirez d'une façon plus rapide et saccadée.

Variante

a) Inspirez en comptant jusqu'à 5.

b) Faites une pause.

c) Expirez d'une façon saccadée en comptant jusqu'à 8.

3. Respiration abdominale

a) Inspirez en gonflant le ventre.

b) Expirez en rythmant avec le ventre et en émettant des sons, tels que Ho! Ho! Ho!

Questionnaire sur la colère

1. Admettez-vous être souvent en colère?

_____

_____

2. Êtes-vous satisfait de la façon dont vous exprimez votre colère?

_____

_____

3. Quelles sont les situations que vous font vivre le plus de colère?

_____

_____

4. Est-ce plus facile de vous fâcher envers vos proches qu'envers un collègue? Pourquoi?

_____

_____

5. Avez-vous tendance à réprimer votre colère?

_____

_____

6. Comment recevez-vous la colère des autres?

_____

_____

7. Faites-vous une différence entre la rage, la violence et la colère? Comment?

_____

_____

8. Pensez-vous que le rire est une ressource pour vous aider à mieux gérer votre colère?

_____

_____

9. Allez-vous pratiquer le rire?

_____

_____

10. Comment?

_____

_____

Chapitre 14

LE RIRE ET LES PLEURS

Nous, les humains, sommes remplis d'une multitude d'émotions
que notre logique ne peut comprendre ni résoudre.
Capitaine J. T. Kirk (*Star Trek*)

Lorsque le cœur pleure ce qu'il a perdu,
l'âme rit de ce qu'elle a gagné.
Proverbe soufi

Ce qui fait le plus souffrir dans le monde d'aujourd'hui, c'est l'isolement, le manque de contact chaleureux, de communication, de rire avec les autres.

La solitude, ce phénomène social qui touche toutes les classes, est un élément perturbateur qui cause beaucoup de souffrance et de douleur autant psychique que physique. Nous savons qu'une peine ou un chagrin refoulés peuvent déclencher les maladies les plus diverses, allant même jusqu'au cancer. La façon dont nous avons appris à exprimer nos émotions durant l'enfance nous renseigne sur notre façon de réagir à l'âge adulte lors d'un deuil, par exemple. Si vous cachez votre peine en faisant semblant de n'être pas affecté et que vous masquez cette émotion par le rire non conscient, alors qu'intérieurement vous ressentez un énorme chagrin dont vous voudriez vous libérer, le rire n'est peut-être pas la solution, bien qu'il puisse déclencher les pleurs.

Vivre un chagrin signifie accepter d'être meurtri, de ressentir le vide durant un instant. La peine n'est pas limitée aux pertes causées par un décès. Si vous investissez une énergie émotionnelle dans un événement, un emploi, un animal ou même une opération chirurgicale, tout cela représente des deuils. Donnez-vous la permission de vivre ce chagrin en écoutant votre voix intérieure qui vous conduit sur le chemin de la guérison. Évitez de croire ceux qui vous disent qu'il faut être fort et qu'il est inutile de pleurer.

Au lieu de considérer le chagrin comme une espèce de monstre dont vous devez vous éloigner par l'hyperactivité, regardez-le, affrontez-le, transpercez-le. Une perte, quelle qu'elle soit, laisse un vide dans votre vie. Le chagrin est le procédé qui vous permet de faire le point. Écoutez-vous, cajolez-vous pour vous aider à retrouver la paix. La joie renaîtra instantanément et vous sortirez grandi de cette épreuve et de cet isolement.

Crier, pleurer et rire sont des émotions libératrices. En expulsant la souffrance, on retrouve l'harmonie entre le corps et l'esprit. À la suite de ce désordre émotionnel, acceptez que vous puissiez perdre temporairement la maîtrise de vous-même, le temps de vous adapter aux bouleversements et de mettre en place de nouvelles stratégies pour devenir encore plus présent à votre vécu. Accueillez les nouveautés, ouvrez votre cœur et votre esprit à l'amour du rire.

Le rire combat la douleur

Méfiez-vous des gens qui ne rient jamais;
ce ne sont pas des gens sérieux.
A. Allais

Riez et le monde rira avec vous.
Pleurez et vous pleurerez seul.
E.-W. Wilcox

Alors que la douleur est associée à la maladie, le rire, lui, est associé à la santé. C'est un antidote à la dépression. Après avoir ri durant toute une soirée, il est difficile d'être déprimé et de mauvaise humeur puisque le rire nous a remonté le moral. Pendant que l'on rigole, on ne pense pas à tous ses petits bobos.

Vous pouvez le consommer sans restriction, à votre guise, sans crainte d'être arrêté par les autorités. Il n'y a pas d'effets secondaires à une séance de rire, seulement des effets thérapeutiques. Il agit contre la constipation psychique et physique. Bien sûr, lorsque la douleur est chronique ou pathologique, il est primordial de consulter un médecin.

Le mal du siècle: «le mal de vivre»

Le rire est le médicament le plus approprié pour soigner notre tendance à la mélancolie. Prenez du recul face à votre morosité, soyez le metteur en scène d'une nouvelle pièce, l'acteur déconstipé, le spectateur enjoué. Acceptez le côté absurde des événements. Déconditionnez-vous. La souffrance n'est pas nécessaire à l'évolution humaine. Nous pouvons tout autant nous transformer dans la joie. Une déprogrammation psychologique s'impose pour éliminer les saboteurs.

Même si vous n'avez pas envie de rire, faites-le. Au début, lorsque vous mettrez en pratique des exercices de rire autogéré en étant conscient qu'il s'agit bien entendu d'un rire forcé, vous ressentirez un certain inconfort, un malaise, une timidité, parce que le rire sera encore contrôlé par votre raison ou peut-être parce que vous ne serez pas convaincu de sa valeur thérapeutique. Je vous suggère de persévérer chaque jour quelques minutes.

Constatez les sensations de bien-être après chaque séance et le changement qui s'opère dans votre personnalité.

La pensée négative engendre les contractions musculaires, ce qui augmente la douleur. Lorsque nous rions, le système parasympathique entre en action et réduit ces tensions. Les muscles sont décontractés.

Le rire stimule également l'endorphine, cette morphine naturelle fabriquée par notre système nerveux qui produit un effet anesthésiant équivalant à la morphine chimique. En plus d'anéantir la douleur, cette hormone du plaisir provoque l'euphorie et renforce le système immunitaire. Face à la douleur, l'attitude de l'individu se modifie, puisque le rire détourne son attention. En mettant moins l'accent sur son mal, il devient plus optimiste, donc moins réactionnaire. Souvenez-vous que la joie purge le sang, éclaircit le teint, prolonge la vie, rend le corps alerte et en bonne santé.

Mon endorphine

Ô toi! mon endorphine
On dit de toi que tu es
L'hormone du plaisir
Veux-tu être ma copine?
Stimule-moi, chatouille mes amourettes
Je trouve ce toucher très chouette
Pour réveiller mes instincts
Que je puisse assouvir ma faim.
Lors de mes détresses
J'ai besoin de tes caresses
Je crie ton nom jusqu'à l'ivresse
Mon endorphine, mon endorphine
Je me fiche de tous les potins
J'ai envie de tes câlins
Je me sens désabusée
Pourquoi encore m'en passer?

L'espace d'une vie est le même,
qu'on le passe en riant ou en pleurant.
Proverbe japonais

De quoi souffrez-vous?

Je me souviens des moments de grandes souffrances de mon enfance où je restais repliée sur moi-même, accroupie les bras serrés autour de mes genoux. J'attendais je ne sais quoi, dans le noir de ma chambre. La délivrance, peut-être.

Oui, être délivrée de ce mal atroce que je ressentais jusque dans mes tripes, le mal de vivre, d'être seule, d'être rejetée.

Je chantonnais, criais, riais intérieurement. Aucun son ne sortait de ma bouche. Malgré tout, lorsque je riais de cette façon, je me sentais vivante car quelque chose bougeait en moi. Souvent, je terminais par des pleurs. C'était ma façon d'exprimer ma colère, ma solitude, ma difficulté à me joindre aux autres parce que j'étais traitée d'idiote, couverte d'insultes et de mots grossiers comme souvent savent si bien le faire les enfants. J'étais victime d'abus verbal.

Qui n'a pas été victime d'abus?

Nous l'avons tous été à des degrés divers. Il y a plusieurs styles d'abus: verbal, émotionnel et/ou physique. L'abus peut s'exprimer de façon violente, ou par des moyens détournés, gentiment, subtilement. Ce qui est tout aussi traumatisant.

Des exemples m'ont été rapportés en pratique privée. En voici un: Obliger un enfant à manger tout son repas même s'il n'a plus faim en lui disant: «Si tu ne finis pas ton assiette, tu seras privé de dessert, de télévision, de sortie, etc.»; c'est du chantage affectif. Cette personne venait me consulter pour un excédent de poids.

Autre exemple: abuser un enfant ou un adulte en lui répétant qu'il est idiot, maladroit, qu'il ne fera jamais rien d'intelligent, qu'il restera stupide toute sa vie, que personne ne s'intéressera à lui.

Un autre encore: lorsqu'elle s'exprimait, une de mes clientes me racontait qu'elle était ridiculisée ou ignorée par sa famille comme si ce qu'elle disait n'avait aucune valeur. Elle avait une très faible estime d'elle-même.

Enfin, cet exemple:

Une intervention dans un centre pour femmes victimes d'abus physiques et sexuels m'a permis de constater les effets thérapeutiques du rire. Souvent, les personnes victimes d'abus sexuel ressentent un sentiment d'impuissance face à leur agresseur, un malaise très précis au niveau de la gorge, l'impression d'étouffer, d'être coincées, parce que, lorsqu'elles subissaient des agressions, elles se taisaient, envahies par la peur, la peur de mourir. Même si elles désiraient crier, la plupart du temps, elles se sentaient paralysées. Aucun son ne sortait de leur bouche. Imaginez la frustration que l'on peut ressentir à la suite de tels abus.

Le rire peut-il aider dans ces cas? La thérapie par le rire va permettre de libérer des émotions refoulées, va susciter un relâchement musculaire, une décharge émotionnelle par l'évacuation des blocages accumulés lors de ces abus répétitifs. À l'aide d'exercices autogérés et très structurés, les participantes ont d'abord commencé à rire, puis leur rire s'est transformé en pleurs, en cris et en violence, et elles ont retrouvé leur créativité et leur paix intérieure.

Combattre les abus par des techniques aussi inusitées que le jeu et le rire peut tenir de l'absurde ou de la magie. Elles sont pourtant essentielles au changement. Ces nouvelles règles d'intervention déstabilisent le rationnel. Le contact avec l'irrationnel et l'inconscient s'effectue plus rapidement, et la personne peut vivre ses émotions. Quelle expérience enrichissante pour ces femmes, et pour moi!

Ma solitude

Ô toi, mon ennemie,
Tu ne me quittes pas,
Tu me suis comme une ombre,
Ici et là, pas à pas.
Même si je voyage à travers le monde,
Je transporte ma honte.
Je suis toujours seule,
À faire ton deuil.
Je me révolte, je pleure, je crie, je résiste,
Je n'entrevois aucune nouvelle piste,
Car mes émotions m'envahissent.
Ma solitude, tu prends tellement de place
Que j'en perds la face.
Peux-tu être mon amie ?
Écoute, nous passerons de longues nuits
Où, au creux de mon lit,
Nous deviendrons unies.
Derrière ces multiples visages,
Nous parlerons un nouveau langage.
Beauté, amour, joie, rire, tendresse,
Nous les partagerons jusqu'à l'ivresse.
Ô toi, ma solitude,
Merci, ma fidèle amie,
De me faire goûter la vie.

Chapitre 15

LE RIRE ET LA SANTÉ

Il n'y a pas beaucoup de plaisir lorsque l'on parle de médecine,
mais il y a beaucoup de médecine dans le plaisir.
J. Billing

Le rire est essentiel à une bonne santé. Toutes les recherches effectuées sur la fonction du rire tendent à démontrer qu'il provoque des bienfaits incontestables sur la santé. Ne devrait-on pas prescrire le rire comme technique complémentaire à la médecine traditionnelle?

Par exemple, la personne déprimée pourrait diminuer sa dose de médicament, sur les conseils de son médecin, et ajouter à sa thérapie une dose de rire.

Le rire n'est pas une panacée, mais ses vertus provoquent des effets physiologiques et psychologiques indéniables. Rappelez-vous l'exemple de Norman Cousins, cité au début de ce livre. Après 10 minutes d'un rire franc, il a remarqué une diminution de la douleur, une régularisation de sa tension artérielle et de sa respiration, ainsi qu'une amélioration de son sommeil. Mieux encore, selon le Dr Henri Rubinstein, le rire peut faire cesser une crise d'asthme.

Les centres hospitaliers ont de plus en plus recours aux spécialistes du rire pour soulager la douleur, favoriser et accélérer la convalescence, modifier les attitudes des patients. Une séance de rire procure une distraction qui les aide à oublier temporairement leur douleur. À plusieurs endroits, des salles de rire ont été aménagées spécialement pour les malades où une panoplie de gadgets leur sont offerts: livres, films, cassettes audio, costumes, appareils destinés à déclencher le rire, etc.

Comme conférencière, je suis souvent invitée à rencontrer le personnel dans ces endroits afin qu'il puisse intégrer cette technique autant pour ses besoins personnels que professionnels.

À travers les exercices que je propose, les participants réapprennent à jouer en sollicitant le côté enjoué de leur personnalité. Ils ne peuvent se prendre trop au sérieux puisqu'ils entrent dans le monde de la fantaisie.

Ces exercices de défoulement ludique ne permettent pas aux émotions négatives de prendre de l'ampleur. De plus, par ces mouvements corporels, toutes les parties du corps vibrent et procurent un nettoyage profond de l'intérieur.

Afin d'éliminer le stress, la nervosité, la fatigue, la monotonie et d'affronter la peur du ridicule, tout en ayant une image de soi positive, nous faisons l'expérience des «voyelles qui rient» et de «la poupée de chiffon» que vous trouverez ci-après.

Bougez rapidement la tête, les épaules, l'abdomen en ajoutant les sons Ha! Ha! Hi! Hi!, etc., vous serez pris d'un fou rire incontrôlable qui se transformera en rire collectif puisque le rire est contagieux.

Ces exercices dissipent les tensions musculaires, augmentent la vitalité et sont bénéfiques pour la santé physique et psychologique.

Connaissez-vous l'expression «le rire dilate la rate»? En effet, le rire procure un massage du foie, du pancréas et de la rate. Celle-ci se gonfle et se décontracte par le rire, éliminant le chagrin et la tristesse.

Chaque fois que nous rions, nous pratiquons une gymnastique respiratoire; la respiration est source d'énergie physique et mentale, et le rire amplifie la respiration. En riant, nous inspirons et expirons de l'air, et cette interaction fait vibrer la cage thoracique, relâchant les tensions au niveau de la poitrine et du diaphragme. Le rire active la circulation sanguine et régularise le système cardiovasculaire. Vous faut-il encore d'autres informations pour vous inciter et vous entraîner à mettre en pratique ces séances de rire.

Vous commencerez votre journée dans la bonne humeur et l'enthousiasme et vous combattrez le stress physique, intellectuel, émotionnel et relationnel; vous améliorerez votre qualité de vie.

Exercice: Les voyelles qui rient

Les forces vibratoires des voyelles ont chacune un effet sur une partie bien précise de notre anatomie. Faites-en l'expérience par l'exercice suivant. Il s'agit, tout simplement, de répéter HA, HE, HI, HO, HU plusieurs fois en prenant conscience des effets qu'ils procurent.

- Le HA agit sur la gorge et le haut des poumons.
- Le HE tonifie la glande thyroïde et éveille les sens.
- Le HI comporte des vibrations dans toutes les parties du corps. C'est un son de gaieté.
- Le HO fait vibrer la cage thoracique et le diaphragme et procure un massage intérieur.
- Le HU fait vibrer les cordes vocales et la nuque.

Exercice: La poupée de chiffon

1. Inspirez en levant les bras au-dessus de la tête.
2. Expirez en vous penchant au maximum en émettant les sons Ha! Ha! Ha!
3. Remontez en utilisant le son He! He! He!
4. Continuez en utilisant les autres voyelles: Hi! Hi! Hi!; Ho! Ho! Ho!; Hu! Hu! Hu! et recommencez: Ha! He! Hi! Ho! Hu!

Essayez maintenant la variante suivante.

1. Levez les bras au-dessus de la tête.
2. Expirez en utilisant une voyelle de votre choix, jusqu'à ce que vos bras soient à la hauteur de la taille, puis une autre jusqu'aux genoux, et enfin une troisième jusqu'au sol.

3. Inspirez en remontant, puis expirez en utilisant la voyelle Hi! et en faisant un mouvement des épaules, comme si vous étiez une poupée de chiffon ou un pantin.

Le rire se déclenche à tout coup. Il est impossible de résister à cet exercice. La respiration sert d'autodéclencheur pour rire.

L'espérance de guérir est déjà la moitié de la guérison

Riez cent fois par jour, et peut-être vous sentirez-vous comme un idiot, mais vous serez en pleine forme. En effet, vous aurez fourni à votre cœur le même effort, en matière de conditionnement, que si vous aviez pédalé pendant 15 minutes sur une bicyclette stationnaire, selon William Fry, M.O., psychiatre à l'école de médecine de l'université Stanford.

Sur une période prolongée, en riant de la sorte, cela vous permet de réduire votre pression artérielle et votre rythme cardiaque, d'atténuer la douleur, d'énergiser votre système immunitaire et de diminuer les hormones créatrices de stress. «Le plus difficile est de trouver les raisons de rire autant», allez-vous me dire; eh bien, mettez en pratique les exercices de défoulement et vous allez rire un bon moment.

En pédiatrie, on a étudié l'impact des clowns sur des enfants malades. Certains enfants autistes sont sortis de leur mutisme en communiquant avec eux.

La prochaine fois que vous irez visiter quelqu'un à l'hôpital, plutôt que de lui apporter des fleurs ou des bonbons, offrez-lui donc un sac à rire, un recueil de bonnes blagues, des jeux amusants, un miroir qui rit où n'importe quel gadget qui lui redonnera sa bonne humeur. Ayez un peu d'imagination. Votre cadeau sera très apprécié. (À proscrire à la suite d'une chirurgie abdominale.)

La santé est proportionnelle à la quantité et à la qualité de votre rire. Êtes-vous des malades potentiels? Assurez-vous votre maladie ou votre santé? À vous de choisir. Si le rire représente une bonne façon de favoriser la guérison, ne devrions-nous pas le légaliser?

Le sourire est la prière de chaque petite cellule.

Le sourire

Un sourire ne coûte rien
Mais il a une grande valeur.
Il enrichit ceux qui le reçoivent
Sans appauvrir ceux qui le donnent.
Il dure un instant
Mais on s'en souvient longtemps.
Personne n'est assez riche pour s'en passer,
Même les pauvres peuvent le posséder.
Il rend les familles heureuses,
Les affaires prospères, les amitiés durables.
Un sourire nous repose quand nous sommes fatigués;
Nous encourage quand nous sommes déprimés;
Nous réconforte quand nous sommes tristes
Et nous aide à combattre tous nos soucis.
Cependant, il ne peut être acheté ni emprunté ni volé.
Il n'a de la valeur que lorsqu'il est donné.
Si vous rencontrez quelqu'un
Qui ne vous donne pas
Le sourire que vous méritez,
Soyez généreux: donnez-lui le vôtre.
Car personne n'a plus besoin d'un sourire
Que celui qui ne peut en donner aux autres.

Anonyme

Chapitre 16

OSEZ RISQUER, SOYEZ HEUREUX

Celui qui ne risque rien est l'esclave des certitudes.

Il faut rire avant d'être heureux,
de peur de mourir avant d'avoir ri.
T. Bernard

Cherchez-vous encore le bonheur? Bâtissez-le avec des pensées constructives. Les sentiments négatifs freinent votre bonheur et affectent votre système immunitaire. Ils sont souvent à l'origine de la maladie. Le subconscient ne fait pas la différence entre une image négative et une image positive. Libérez votre esprit de tout doute, relâchez les freins, changez de vitesse, optez pour le scénario du succès. Mentalement, faites une croix sur votre pensée négative; ne lui donnez aucun pouvoir; remplacez-la immédiatement par une idée joyeuse ou un souvenir heureux.

Souriez à votre nouvelle pensée et choisissez de vivre heureux!

Les gens les plus heureux sont ceux qui aiment plusieurs choses passionnément, intensément. Ils aiment la vie. Ils aiment se réveiller le matin, observer les arbres, les fleurs, les oiseaux, les lever et coucher de soleil, la pluie et la neige. Ils aiment les bons repas, seuls ou en agréable compagnie. Ils aiment tout ce qui se présente à eux. Ils aiment faire la fête.

Ils ont même appris à aimer leur désespoir et leur douleur, car ils ne perçoivent pas la joie comme le contraire du désespoir, mais plutôt comme une autre facette d'une même réalité. La clé consiste à prendre la vie comme elle se présente, de s'y abandonner et non de voguer à contre-courant en se sentant rejeté, négligé, exclu. En un mot, réjouissez-vous d'être vivant.

Choisissez de vivre une vie harmonieuse et équilibrée par une alimentation saine, en faisant de l'exercice, en savourant le moment présent. Soyez émerveillé par les beautés qui vous entourent. Extériorisez vos émotions. Acceptez-vous tel que vous êtes, surtout le matin en vous levant. Accordez-vous quelques minutes pour rire, car chaque éclat de rire embellit votre visage et équivaut à un masque de beauté. Vous ferez des économies! N'hésitez pas à vous regarder dans la glace plusieurs fois par jour. Souriez-vous et souhaitez-vous une bonne journée. Même si cela vous semble ridicule, faites-le quand même. Retardez le processus du vieillissement en éliminant les déplaisirs, en les éloignant avec un brin d'humour.

Je suis le contraire d'un paranoïaque,
je suspecte les gens autour de moi de comploter
pour me rendre heureux.

La première fois que j'ai osé rire au cours d'une réunion d'hommes d'affaires, je me suis fait remarquer et juger. Aux yeux de plusieurs, je manquais de professionnalisme, mais j'ai quand même continué. J'ai osé m'affirmer en restant moi-même. J'énumérais une longue liste de moyens pour s'adapter au changement, lorsque je fus prise d'un fou rire incontrôlable parce que je me trouvais trop sérieuse. Cette crise de rire m'a redonné de la vitalité. Je me suis servie de cet événement spontané pour démontrer que ce qui venait de se passer faisait partie du changement. J'ai appris à cultiver ce que j'enseignais en me permettant de dédramatiser les événements. Je garde toujours en mémoire le fait qu'avoir du plaisir est ce qu'il y a de plus important. C'est stimulant et j'évite ainsi la stagnation.

Je me souviens, lorsque j'ai commencé à faire des animations, d'avoir eu tendance à me saboter moi-même. Je ne me trouvais jamais parfaite. Si, dans un groupe de 50 personnes, il y en avait cinq ou six qui ne riaient pas, qui ne réagissaient pas, je me demandais pourquoi je n'avais pas réussi à les toucher. Je me sentais responsable. Je prenais tout sur mes épaules. Aujourd'hui, avec le recul, je sais rire de mon attitude, et j'utilise souvent cette anecdote d'une façon humoristique. Je remercie ces personnes qui ne participaient pas: grâce à elles, j'ai grandi.

Je suis également nomade; j'aime le changement, je m'ennuie dans la routine. J'ai soif d'aller vers l'inconnu, d'aller plus loin, de me dépasser. Ce côté de ma personnalité me vient de mes parents qui étaient marchands ambulants. Élevée par mes grands-parents dans un petit village où tout était tranquille et bien encadré, je m'inventais des voyages imaginaires pour dépasser le cadre de mon vécu. Heureusement, pendant les vacances scolaires, j'avais l'occasion d'accompagner mes parents sur les marchés. Nous changions de ville chaque jour, et j'adorais ça. C'était cela, pour moi, la réalité. L'inconnu me rendait heureuse et stimulait ma débrouillardise. Même si j'avais peur, je fonçais. J'aimais innover, inventer, me rendre vulnérable et c'est ce que je fais aujourd'hui en pratiquant la thérapie par le rire. Et même en écrivant ce livre...

Osez prendre de nouveaux risques pour vous réapproprier pleinement vos ressources intérieures, votre confiance en vous et vos valeurs.

Organisez votre réussite professionnelle et personnelle en vous fixant des objectifs conformes à vos désirs et à votre réalité pour mieux vous orienter dans la vie.

Reconnaissez que votre façon de vous limiter produit du stress sur votre organisme.

Agissez plutôt que de subir les événements.

Osez faire peau neuve en vous débarrassant de vos croyances erronées, de vos saboteurs, de tout ce qui entrave l'évolution de l'Être.

Identifiez le plaisir que vous procurent les exercices suggérés dans le cadre de cet ouvrage, explorez-les, ressentez-les, intégrez-les à votre quotidien.

Ne laissez personne choisir votre bonheur à votre place.

Prenez votre destin en main, préparez-vous à vous transformer.

Prenez votre envol, telle la chrysalide qui devient papillon.

Osez changer, devenez un être de plus,
un être d'apprentissage,
un être de besoins,
un être de relations,
un être de liberté,
un être nouveau;
soyez cet être nouveau.

L'homme nouveau

L'homme ancien a axé sa réussite matérielle sur la performance en oubliant sa démarche spirituelle. Il a omis d'intégrer à sa vie la trilogie connaissance/être/avoir. Il a agi sans s'interroger. Aujourd'hui, à la veille de l'an 2000, cela ne suffit plus. Tout est bouleversé par le changement continuel que nous vivons.

L'homme nouveau comprend avec tout son être. Il évolue à grands pas, assouplit sa personnalité, l'affine, brise les chaînes de son sérieux, intègre tous ses niveaux de conscience. Il célèbre le plaisir, met en valeur les moments heureux faits de petits riens. Sa vision intérieure devient claire, et il a trouvé l'amour inconditionnel: l'amour du RIRE.

Il est dans la joie.
Il agit dans la joie.
Il vit dans la joie.
Il partage dans la joie.

L'univers est la banque du bonheur. Puisez à cette corne d'abondance toutes les richesses mises à votre disposition, et dont vous avez besoin.

Soyez l'artisan de votre vie en étant conscient de votre bonheur. Répandez le rire et vous recevrez l'abondance. Prenez part à la joie. Laissez le rire s'enraciner en toute circonstance. Comme le magicien, d'un coup de baguette, transformez les éléments perturbateurs de votre plaisir. Fuyez les gens maussades

196

ou mécontents. Restez joyeux en dépit de la morosité des autres. Par cette nouvelle façon de voir la vie, votre existence se modifiera en source de bonheur. Participez à la grande évolution de l'univers en apprenant à vivre avec et dans le RIRE au quotidien.

Être heureux, c'est réussir sa vie.
Réussir sa vie, c'est d'abord choisir.
Choisir d'être en relation avec soi pour l'être avec les autres,
d'avoir envie de VIVRE avec tout ce que cela présuppose,
c'est être présent à l'aventure;
c'est être ouvert à l'imprévu;
c'est savoir ce qui nous convient;
c'est reconnaître ses limites;
c'est être amoureux de soi, de la vie;
c'est être humble et orgueilleux;
c'est être capable de donner et de recevoir;
c'est être une personne de jouissance comme de souffrance
pour ne plus craindre l'avenir.

Le plaisir

Pourquoi retarder votre plaisir?
Sachez que maintenant vous pouvez exploiter votre rire.
N'est-ce pas ce RIRE que vous venez recontacter?
Alors pourquoi vous en empêcher ?
Le RIRE est une occasion
De créer et recréer des unions
Que vous croyiez peut-être avoir perdues
Parce que vous pensiez que c'était défendu.
À présent, prenez ce moment qui vous est accordé
Pour enfin pouvoir vous amuser.
Exploitez vos fantaisies, toutes vos folies.
Encore une fois, je vous le dis:
Laissez aller les préjugés, les interdits et les saboteurs...

CONCLUSION

Si j'ai réussi à piquer votre curiosité par le biais de ces lignes, et surtout à vous motiver à mettre en pratique et à intégrer des séances de rire afin de faire l'expérience de ses vertus curatives, je m'en réjouis. Le passé est aboli, le futur n'existe pas, seul le présent EST.

Rire nous permet de rester en contact avec le présent.

Apprenez à exercer votre libre arbitre.

Commencez à ensemencer votre jardin intérieur de graines multicolores.

Trouvez des moments idylliques pour maintenir, dans votre esprit et dans votre cœur, les déclencheurs du rire.

Choisissez, dès aujourd'hui, de vivre dans la joie votre présent pour vous assurer un futur hilarant.

Imaginez le changement de la société si nous étions des centaines, des milliers, au travail, en famille, entre amis, à intégrer des séances de rire dans nos vies. Nous remplacerions les conflits par l'harmonie, la guerre par la paix, la jalousie par la complicité, la compétition par la collaboration, la maladie par la santé, la haine par l'amour.

J'ose rêver à ce nouveau monde, car sans rêve, plus rien n'existe.

L'inconnu

Salut à toi que je ne connais pas.
Puisque ce soir tu es là,
Je t'ouvre la porte de mon cœur.
Oh ! Tu penses ne pas être à la hauteur.
As-tu vraiment le désir d'affronter ce défi ?
Voyons ! N'aie pas peur et souris.
Peux-tu te permettre d'être vulnérable
Ou veux-tu rester misérable ?
Sors des sentiers battus,
Viens, je t'attends, mon bel inconnu.
Tiens, voilà, prends ma main.
Partons ensemble gambader vers ce nouveau chemin,
Et rions, rions, rions
Jusqu'à en avoir des frissons.

BIBLIOGRAPHIE

BECK, Deva et James. *Les endorphines.* Barret-le-bas: Éditions Le Souffle d'or, 1988.

BERGSON, Henri. *Le rire.* Paris: Presses universitaires de France, 1989.

BUSCAGLIA, Henri. *S'aimer.* Montréal: Le Jour Éditeur, 1985.

COUSINS, Norman. *La volonté de guérir.* Paris: Éditions du Seuil, 1980.

ESCARPIT, Robert. *L'humour.* Paris: Presses universitaires de France, 1960.

FINN, Edouard. *Stratégies de la communication.* Montréal: Éditions de Mortagne, 1989.

GOLDBERG, Philip. *L'intuition.* Montréal: Éditions de l'Homme, 1986.

HAL/SIDRA, Stone. *Les relations, source de croissance.* Barret-le-bas: Éditions Le Souffle d'or, 1991.

HULL, Raymond. *Vouloir c'est pouvoir.* Montréal: Éditions de l'Homme, 1977.

JAMPOLSKY, Gérald. *Aimer c'est se libérer de la peur.* Genève: Éditions Soleil.

KILLINGER, Barbara. *L'ergomanie.* Montréal: Éditions Quebecor, 1992.

MOODY, Raymond. *Guérissez par le rire.* Paris: Éditions Laffont, 1978.

PAGNOL, Marcel. *Notes sur le rire.* Paris: Éditions de Fallois, 1990.

RONAN, Sanaya. *Choisir la joie.* Paris: Ronan Denniel, 1988.

RUBINSTEIN, Dr Henri. *Psychosomatique du rire.* Paris: Éditions Laffont, 1983.

SCHALLER, Christian. *Rire pour gai-rire.* Genève: Éditions Soleil, 1994.

SCHALLER, Christian. *Rire, c'est la santé.* Genève: Éditions Soleil, 1989.

SELYE, Dr Hans. *Le stress dans ma vie.* Montréal: Éditions Stanké, 1976.

WRIGHT, John. *La survie du couple.* Montréal: Éditions La Presse ltée, 1985.

ZELINSKI, Ernie John. *The Joy of not Working.* Edmonton: Éditions V.I.P., 1991.

TABLE DES MATIÈRES

Pour tous renseignements sur les formations, séminaires, ateliers, stages et conférences au Canada et en Europe, veuillez communiquer avec l'auteure:

Par téléphone: (450) 442-3618
Par télécopieur: (450) 442-9126

ou à l'adresse suivante:

Josiane Vénard
156, rue Rouville
Longueuil (Québec) Canada
J4K 2W2

AGMV
MARQUIS
Québec, Canada
1999